中央高校基本科研业务费专项基金资助项目（SWU1909014）
中国博士后科学基金特别资助项目（2016T90824）
中国博士后科学基金面上资助项目（2015M582487）
重庆市博士后科研项目特别资助研究成果（Xm2016009）

张 良 著

U1013029

KECHENG MEIXUE

课程美学

——知识与审美经验的共生

西南大学出版社
SWUP
国家一级出版社 全国百佳图书出版单位

图书在版编目(CIP)数据

课程美学:知识与审美经验的共生 / 张良著. --
重庆:西南大学出版社, 2022.9
ISBN 978-7-5697-1479-1

Ⅰ.①课… Ⅱ.①张… Ⅲ.①美学教育—研究 Ⅳ.
①B83

中国版本图书馆CIP数据核字(2022)第137758号

课程美学——知识与审美经验的共生

KECHENG MEIXUE——ZHISHI YU SHENMEI JINGYAN DE GONGSHENG

张 良 著

策划编辑:黄 璜
责任编辑:黄 璜
责任校对:唐 倩
装帧设计:观止堂
排 版:杜霖森
出版发行:西南大学出版社(原西南师范大学出版社)
地址:重庆市北碚区天生路2号
市场营销部:023-68868624
邮编:400715
印 刷:重庆新荟雅科技有限公司
成品尺寸:170 mm×240 mm
印 张:10.5
字 数:159千字
版 次:2022年9月 第1版
印 次:2022年9月 第1次印刷
书 号:ISBN 978-7-5697-1479-1
定 价:42.00元

前言　知识与审美经验共生的实践诉求

超越学习的功利取向，寻求学习的内在价值，进而能够"乐在其中"一直是中国文化传统延绵至今的学习精神与教育智慧。《论语》开篇便提出"学而时习之，不亦说乎"。孔子率先开创了"知之"——"好之"——"乐之"的学习三层境界，将"乐学"作为学习过程的最高境界。如《论语·雍也》中提出："知之者不如好之者，好之者不如乐之者。"孔子自身也是"乐学"的积极践行者，他一生好古敏求，学而不厌，诲人不倦，致力于恢复周礼，"其为人也，发愤忘食，乐以忘忧，不知老之将至云尔"(《论语·述而》)。

现代学校课程与教学制度却深陷功利取向的桎梏，竞争、功利、角逐、排名等功利主义思想布满各级各类人才培养、教育教学的过程之中。这一取向所造成的突出矛盾在于学生虽然积极努力，基础知识与基本技能牢固，但厌学情绪蔓延，学习的动机、自我效能感、幸福指数以及审美体验感受却较为缺乏，"乐在其中"的学习境界正面临前所未有的挑战。经济合作与发展组织(OECD)公布了2018年国际学生评估项目(PISA2018)测试结果。在全部79个参测国家(地区)对15岁学生的抽样测试中，我国四省市(北京、上海、江苏、浙江)作为一个整体取得全部3项科目(阅读、数学、科学)参测国家(地区)第一的好成绩。好成绩的背后，研究者却发现："学生总体学习效率不高，学生幸福感偏低。我国四省市学生的阅读、数学和科学的学习效率分别为119.8分/小时、118.0分/小时、107.7分/小时，在参测国家(地区)中排名靠后，分列第44位、第46位、第54位。我国四省市学生的学校归属感指数为−0.19，满意度平均分为6.64分，在参测国家(地区)中分别排第51位和第61位。”[①]

课程是学校育人价值实现的主要载体，如何理解、定位课程的本质与内涵，会成就不同的育人结果。引发学生难以“乐在其中”的症结是复杂的、多样的，解决的方式与路径也有所区分。本研究基于审美的视角，重新理解课程的内涵、学习的本质，推动课程设计与教学方式的审美化转型，进而实现知识与审美经验的共生，实现“乐在其中”的学习境界是本论著的核心关切。

基于审美的视角开展课程内涵的重建是课程再概念化运动深度推动的当代进展，旨在拯救深陷技术理性之困的现代课程理论，核心要义在于借鉴美学的视角充分地言说课程的美学本质，并最终实现对课程理解的更新。在这一视野下重新解读课程：它不仅是理性运作的经验，还是一种渗透审美、想象、灵性以及诗意的审美经验。概言之，课程成为了理智经验与审美经验共生的过程及结果。这一过程中，审美经验伴随着情境中的交互生成、情感的投入与表现、手段与目的的融合以及完满自足的感受等。由此，将课程视为审美经验并非是学校艺术学科的专利，而是借助美学的视角，将课程中应有的审美维度进行澄明，旨在弥合技术理性的霸权所引发的理智与审美的二元割裂，切实实现知识与审美经验的共生。

从审美的视野重建课程观及其建构模式，从理论的角度承接从“知识”课程到“经验”课程，需要理解现代变迁过程中人们对情感、审美因素的关注。从实践的角度来看，由于客观主义知识观的僭越，审美经验被视为否定性因素，又由于工具理性方法论的滥觞，艺术维度被视为不确定性因素，因此，我国课程实践深陷技术理性之困。据此，本研究提出的课程作为审美经验是美学取向的课程愿景，其理论必要性体现为：通过审美经验获得自由的人性理想、课程实现经验完整的课程愿景以及课程审美功能实现当代的美育使命等。同时，课程作为审美经验并非乌托邦式的课程愿景，获得知识的过程渗透着审美经验、人的经验本身内蕴审美维度以及学校学科蕴含多领域审美经验，这些无疑都为美学取向课程本质观的确立提供了现实可能性。

---

① 教育部基础教育质量监测中心.PISA2018测试结果正式发布[OE/OL][2019-12-04](2022-08-10)http://www.eachina.org.cn/shtml/4/news/201912/1851.shtml.

目录

第一章　课程研究的美学转向 1

第二章　课程作为审美经验的实质 15

一、课程作为审美经验的含义 15

二、课程作为审美经验的属性 20

三、课程作为审美经验的特征 27

四、课程作为审美经验的原理 33

第三章　课程作为审美经验的依据 39

一、课程作为审美经验的合理性 39

二、课程作为审美经验的必要性 59

三、课程作为审美经验的可能性 70

第四章　课程作为审美经验的价值诉求 87

一、师生审美意识的觉醒，人诗意地栖居 87

二、恢复课程与审美经验的联结，课程实现审美化 91

三、凸显课堂教学的艺术创作，教学成为诗性智慧的生成 93

第五章　审美经验的课程建构 99
一、审美经验的课程目标设计 99
二、审美经验的课程内容开发 108

第六章　审美经验的课程实施 119
一、提升学生的体验与感性认识 119
二、激发教师的想象力与艺术创作 122
三、探究与对话相结合的教学方式 126
四、鼓励学生多元表征与个性表达 128

第七章　审美经验的课程评价 131
一、课程之美呼唤审美评价 131
二、教育鉴赏与教育批评 133

结　语　知识与审美经验的共生:走向课程美学 143
参考文献 146
致　谢 161

第一章　课程研究的美学转向

课程作为一个教育词汇成为一个专有概念，和美学步入哲学之门成为其学科体系中的正式分支都是在启蒙运动时期。启蒙的要义即理性的觉醒和自由的行动。两者使命相同，都是启蒙运动最为坚定的支持者和同盟军，但却走上了两条分化的路线。

"美学的""审美的"这两个概念随德国启蒙主义哲学家鲍姆加登(A.G. Baumgarten)1750年所著《美学》一书问世，他将其引入哲学，并建立了哲学的一个分支——"美学"。"'美学'在鲍姆加登那里是与'理性的知识'相对的'感性的知识'的意思。"[①]美学虽然与主体的感受、判断有关，但根本法则却是理性化的数学原则和逻辑学原则。[②]鲍姆加登是欧洲大陆的唯理论者，在其所处的时代哲学已经进入认识论阶段，即本体论转向认识论，探讨人类知识的本质、来源等。鲍姆加登深受莱布尼茨、沃尔夫的影响。莱布尼茨提出，真正的知识就是理性认识的"完善"形式。感性经验不可能对获得知识起根本作用，它要么只能给理性认识提供一种启发、唤醒作用，要么只是知识的不明确模糊形式。沃尔夫也强调明确的理性能力为一切知识提供前提，而混乱的心理能力则只是感觉能力，在人的知识建构中并不发挥重要作用。[③]鲍姆加登的哲学努力在于替感性认识建立立足点，在他看来，人类心理结构的知、意、情中，情作为感性认识还尚未融入人类知识体系之中。1735年鲍姆加登在其博士论文中首次提出："'可理解的事物'

① 叶秀山.美的哲学[M].北京:世界图书出版公司,2010:14.

② 朱立元.美学(修订版)[M].北京:高等教育出版社,2006:32.

③ 朱立元.美学(修订版)[M].北京:高等教育出版社,2006:18.

是通过高级认知能力作为逻辑学体系去把握的；'可感知的事物'[是通过低级的认知能力]作为知觉的科学或'感性学'的对象来感知的。"[1]可见，关于感性认识应以美学的思维、方式加以探究。"感性认识本身的完善"就是美，否则就是丑。美学成了以美的方式去思维的感性认识论。虽然，鲍姆加登建立美学的初衷在于提高感性认识的地位，尝试为感性认识寻找哲学的立足点，但他站在理性主义的立场来审视感性认识，甚至将美学的对象规定为人类的感性认识及其能力，其局限在于将整个美学从属于哲学或逻辑学，审美及其美学活动从属于认识论。

鲍姆加登的使命就是建立一门研究人的感性或感觉的学科(学问)，他要使这种低级认识能力进入哲学认识论，进入人的思维构造的整体结构当中，通过提升感性的地位，将其视为人类获得自由的前提条件之一，从而改造这种低级认识能力。如此观照，就可看出美学的使命是关乎人的感性或感觉的，其产生的背景，恰好处在欧洲启蒙运动之中，作为启蒙运动一个组成部分，旨在挣脱人性各个层面(包括理性、感性/判断力和悟性/知性等)因匍匐于神学、封建性而产生的奴性。正如有学者经研究后指出，启蒙时代以来，随着文化领域的理性分化，本来密切联系的科学、道德、艺术发展为相互绝缘、不相往来的独立领域，独自探讨各自的问题。科学属于"认知理性"，探讨"真实性问题"(真)；道德属于"伦理理性"，探讨"正当性问题"(善)；艺术属于"审美理性"，探讨"趣味性问题"(美)。真善美分家并越演越烈，使整个生活系统陷入分裂状态。在整个生活系统的理性分化过程中，科学技术与"合理性"相互结合而固化为现代社会的组织形式，它将手段与目的相互倒置、实施与价值严格分裂，并造成人在现实生活中的"异化""物化"或"单向度"状态。[2]

课程这个词伴随着启蒙运动而成为教育话语。经美国课程论学者小威廉·E.多尔(William E. Doll)考证，"课程"(curriculum)作为教育术语第一次是由法国的彼得·拉莫斯(Peter Ramus 1515-1572)在约16世纪后期所使用。彼得·拉莫

---

① 鲍姆加登.美学[M].简明，王旭晓，译.北京：文化艺术出版社，1987:169.

② 刘悦笛.生活美学——现代性批判与重构审美精神[M].合肥：安徽教育出版社，2005:3.

斯是一位久负盛名的教育改革家，同时还是影响深远的数学家、哲学家、逻辑学家以及修辞学家等，他的思想不仅广泛地影响苏格兰、荷兰乃至整个欧洲的教育领域，甚至还深深地影响了16、17世纪的整个学术思想界。他的这套教育改革思想与实践最终于1636年在哈佛学院（Harvard College）——现哈佛大学（Harvard University）的前身——扎根，并迅速在新英格兰的乡村与城镇扩展开，并渗透到加尔文教派的约翰·奥斯忒德（Johann Heinrich Alsted），夸美纽斯（Johann Comenius），到笛卡尔（René Descartes）再到席卷北欧的新教徒、英格兰地区大西洋两岸的清教徒以及19世纪美国学校教科书以及当时的效率运动（以弗雷德里克·泰勒Frederick Taylor为代表）中，随后以当今所熟知的泰勒原理（Tyler Rationale）达到高潮。

"在16世纪和17世纪之前，课程中绝大部分知识是以语言文字形式展现的，以古代权威经典作家为依据，特别是亚里士多德的权威格言。"[①]拉莫斯将其归结为过于强调繁文缛节、对拉丁语法与词汇的死记硬背以及长年累月地接受辩论及修辞术训练等等。[②]对此，他鲜明倡导：将"可操作性、简单性以及对效率的追捧"[③]引入教学实践之中。而这一思想初衷也同时"极大地满足了清教徒追求简单规则、秩序及'简洁风格'的愿望"[④]。这也恰恰成为清教徒如此热衷于采取拉莫斯主义（Ramist）的真实原因，拉莫斯进而被誉为"世界上最闻名的捷径大师"[⑤]。同时，这一设想也旗帜鲜明地开启了文艺复兴时期学校课程与教学改革

---

①约翰·S.布鲁巴克.教育问题史[M].单中惠，王强，译.济南：山东教育出版社，2012:273.

②正如多尔教授所描述：在当时，8至13岁男孩必须学习基本的拉丁语法，学生一般都会被要求记忆一长串相互间毫不关联的拉丁短语或者使用一种木板，而这种木板上面的每一个图像都代表着亚里士多德所划分的某个事物种类，像占卜纸牌一样的木刻。学生们费了九牛二虎之力来记住他们堆积如山的笔记本上的内容。文艺复兴时期是一个死记硬背的年代。书本内容的编排结构非常随意……但他们依旧试图表明学习那些一长串零碎知识的重要性。转引自：William E. Doll，M.Jayne Fleener，Donna Trueit，John St Julien. Chaos，Complexity，Curriculum，and Culture: A Conversation[C].New York: Peter Lang Publishing，2005:25.

③ William E. Doll，M.Jayne Fleener，Donna Trueit，John St Julien. Chaos，Complexity，Curriculum，and Culture: A Conversation[C].New York: Peter Lang Publishing，2005:27.

④ 引自：张华.试论教学方法的理智传统[J].全球教育展望，2009(6):9.

⑤ Walter J. Ong. Ramus，Method，and the Decay of Dialogue[M].Cambridge，MA: Harvard University Press，1983:3. 转引自：张华.研究性教学论[M].上海：华东师范大学出版社，2010:43.

的序幕，即用唯一正确的方法传递、授受确定和无疑的知识的"方法化运动"。

"方法化运动"的理智遗产：为了便于教学而把知识简化为简单的教科书形式，并分割为细小的碎片，对此多尔教授用"textbookize knowledge"[①]即"知识教科书化"来概括拉莫斯的这场"运动"，其意在：将知识简单化、秩序化、去情景化，以便于传递。[②]这一"方法化运动"的核心即"二分法"（dichotomized pattern），所谓二分法就是对各个学科知识全部进行逐一分类，直至将分类覆盖到该门学科的全部知识。分类的原则即"呈现若干待教的科目，以普遍认为科学发展来自于普遍的原则到通过界定和双向的区分而具有特殊性"[③]。例如：通过二分法把数学知识分类为算术与几何，再把算术分为整数与分数，把几何分为平面几何与立体几何，如此等等。拉莫斯写道："方法就是一种排列分布……把在知识绝对顺序中排序第一的放在所要阐释的第一位，排序第二的放在第二位，接下来依序而行：因而形成从一般到个别的完整排列。通过唯一的这一种方法，我们得以不断发展。"[④]根据这一方法，拉莫斯亲手绘制了有名的"拉莫斯知识地图"（Ramist map），这张课程知识地图"简单、清晰、不加赘饰"[⑤]。

课程关注学校教育如何提供教育性的经验及其过程。随着启蒙运动的推动，理性成了学校教育的知识基础、课程的基础。从思想渊源的谱系来看，这是一场培根式的知识革命，即摆脱经院哲学的束缚，依靠科学知识创造现实幸福生活。这种知识革命的内在信条在于工具理性、技术旨趣，"人们试图通过技术占有或支配外部世界的兴趣。它的意向是把人类从自然界的强制中解放出来"[⑥]。课程研究在这一不断科学化的过程中，寻求着将一切可靠知识交给一切人的设

①William E. Doll，M.Jayne Fleener，Donna Trueit，John St Julien. Chaos，Complexity，Curriculum，and Culture: A Conversation[C].New York: Peter Lang Publishing，2005:24.

②转引自:张华.研究性教学论[M].上海:华东师范大学出版社，2010:43.

③William E. Doll，M.Jayne Fleener，Donna Trueit，John St Julien. Chaos，Complexity，Curriculum，and Culture: A Conversation[C].New York: Peter Lang Publishing，2005:24.

④小威廉·E.多尔，M.杰恩·弗利纳，唐娜·楚伊特，约翰·圣·朱利恩.混沌、复杂性、课程与文化：一场对话[M].余洁，译.北京:教育科学出版社，2014:35.

⑤William E. Doll，M.Jayne Fleener，Donna Trueit，John St Julien. Chaos，Complexity，Curriculum，and Culture: A Conversation[C].New York: Peter Lang Publishing，2005:27.

⑥尤尔根·哈贝马斯.认识与兴趣[M].郭官义，李黎，译.上海:学林出版社，1999:12.

计规律、程序与方法。概言之,这一科学化、理性化的过程,通过知识的教科书化,实现知识普及与理性推动,甚至在多尔看来,这是一条“理性的傲慢”[①]的实务路径。

自课程研究成为一门独立的学科领域,无论是博比特(John F. Bobbitt)的活动分析法,抑或是查特斯(Werrett W. Charters)的工作分析法以及堪称经典的泰勒原理(Tyler Rationale),这场“课程开发科学化”运动折射出浓烈的技术理性,借用科学程序和技术方法来操纵课程的实施和检验课程的效果,其研究方式“倾向‘技术—控制’的运行模式,关注的是课程开发的技术问题,通过严格控制课程过程中各个要素来实施课程,课程便由此被简化为一个线性的、封闭的、稳定的、工艺学的操作流程”[②]。美国小威廉·E.多尔(Willam E.Doll)教授甚至将这一科学化的技术理性概括为一种控制的幽灵,“控制作为一个操作性的概念,在‘课程’这个词一开始被当作一个教育词汇使用时就已经根植于课程当中。用一个现代的、机械论的比喻来说,控制不仅仅是课程时钟里面的机械幽灵,也还是使这个时钟从一种意识形态向另一种意识形态、从一种时间走向另一种的发条和钟摆”[③]。

美国著名课程学者艾伦·奥恩斯坦(Allan C.Ornstein)曾指出:“在20世纪超过三分之二的时间里……人们还用一些其他的名称来指称这一方法,‘逻辑—实证主义方法’、‘概念—经验主义方法’、‘经验主义方法’、‘理性—科学方法’和‘技术专家主义方法’等。这表明,该方法是技术取向的和科学取向的。”[④]对此,有学者指出:“课程成为一门专业研究领域以来,课程学者深受科学管理运动与社会效率运动的影响,强调科学化的课程设计、可控制的目标、有效率的实施,以达成适应社会生活的功能。然而这些传统课程探究依循工具理性或技术理性的思维,讲求达成目的之手段的有效性与标准性,对于既有事实视之为当然,强调

① 小威廉·E.多尔,M.杰恩·弗利纳,唐娜·楚伊特,约翰·圣·朱利恩.混沌、复杂性、课程与文化:一场对话[M].余洁,译.北京:教育科学出版社,2014:35.

② Peter T. Knight. Complexity and Curriculum: A process approach to curriculum-making [J]. Teaching in Higher Education, 2001(6):373-374.

③ 小威廉·E.多尔,诺尔·高夫.课程愿景[M].张文军,等译.北京:教育科学出版社,2004:38-39.

④ 艾伦·C.奥恩斯坦,弗朗西斯·P.汉金斯.课程:基础、原理和问题[M].柯森,等译.南京:江苏教育出版社,2002:3.

学习效率的提高而非学习本质的了解，主张课程目标的具体明确与线性阶层结构而欠缺有关课程问题的反省与批判。”[①]从本质上看，“效率”“控制”成了课程开发的科学化进程中的内在追求，而这种内在追求的价值取向则是“技术理性”，或称为“技术旨趣”或“工具理性”。至此，“‘泰勒原理’力图有效控制课程开发过程，使课程开发过程成为一种理性化、科学化的过程，为课程开发提供一种普适性的程序，其对‘技术兴趣’的追求是显而易见的”[②]。

富兰克林·博比特的《课程》、威瑞特·查特斯的《课程编制》与拉尔夫·泰勒的《课程与教学的基本原理》等课程研究均以追求效率和流程控制的“科学主义”为目标，其背后则是对被誉为企业管理中“科学管理之父”的泰罗（F.W.Taylor）发明的科学管理（Scientific Management）模式的崇拜。为改变“制度性的磨洋工”，泰罗基于工厂生产实践创立的科学管理原理的核心是标准化、规范化和制度化管理，以控制为手段、以提升效率为目的的课程研究，深受这一科学管理原理的影响。

第一，提出公认工作中每一动作的科学方法，以代替过去单凭经验从事工作的方法。

第二，科学地挑选工作，并对员工进行培训和教育，使之发展，而不像过去那样由工人各自选择工作，并各尽所能地进行自我培训。

第三，与工人热忱合作，以确保所有工作都按照所指定的科学原则行事。

第四，管理者与工人的工作和职责应是均分的。“管理者应该承担起那些自身比工人更胜任的工作，而在过去，管理者把几乎所有的工作和大部分职责都推给了工人。”[③]

在泰罗科学管理的步骤中，时间、效率、标准化是其关键词，但第四条乃是全部方法的核心。这是一种管理的新职能。“由一种人提前制订计划，而由一些完

① 涂志贤.再概念化学派的课程美学探究及其对课程研究的启示[J].教育资料与研究(双月刊)，2009(6):93-110.

② 张华.课程与教学论[M].上海:上海教育出版社，2000:13.

③ 雷蒙德 E.卡拉汉.教育与效率崇拜——公立学校管理的社会影响因素研究[M].马焕灵，译.北京:教育科学出版社，2011:26.

全不同的人去执行。……不用思考,我们付了钱叫专门的人来思考这些问题。"①美国另一位课程学者詹姆斯·麦克唐纳(James Macdonaldo)批评这一系列课程研究范式中确切地体现出"技术理性"(technological rationality)的危险,"把现象当作是一些可区分的客体……共同特性被抽离,使之相互联结并纳入系统中,在人类行为中运用技术理性的危险在于希望取得控制、理解与预测,我们可能(或许已经是)把自己看作是客体或迎合我们目的之客体的再现……那么我们可能成为马尔库塞所言的单向度的人"②。

德国当代哲学家哈贝马斯(Jürgen Habermas)是"技术兴趣"研究的集大成者,他指出:技术兴趣、技术理性的逻辑在于通过发现标准化的技术、方法对环境进行有效控制、管理,实现预期结果的效率最大化。概言之,课程开发的科学化运动中的工艺学、工程学思维成了这场课程范式与课程思维中的内在追求,寻求精确化、标准化、可预测及可控制性成了这场技术理性主导下学校课程存在的唯一合法性尺度、标准与依据。

技术理性、工具理性成为课程话语中形式与内容两个层面的理性内核。在形式与内容层面至少表现为:

一方面,课程沦为了追求科学化方法、程序的技术文本。在课程研制、课程开发追求科学化、实证化、精致化的途中,课程自身所禀赋的艺术性、审美性等美学品质与旨趣日趋衰微与枯竭。派纳教授对此批判道:"课程领域忘记了实实在在的个体。单单专注于公共世界、可见的世界、设计、序列化、实施、评价以及课程材料,课程领域忽视了个体对这些材料的体验。"③可见,"它仅仅强调教育是一门科学而看不到教育也是一门艺术,其割裂了教育过程中的事实与价值,看不到教育过程是一个价值创造和意义诠释的过程,从而使课程设计局限于技术理性

① 雷蒙德 E.卡拉汉.教育与效率崇拜——公立学校管理的社会影响因素研究[M].马焕灵,译.北京:教育科学出版社,2011:26.

② William F. Pinar, William M. Reynolds, Patrick Slattery, Peter M. Taubman. Understanding Curriculum: An Introduction to the Study of Historical and Contemporary Curriculum Discourses [M].New York: Peter Lang Publishing, 1995: 180.

③ 威廉 F.派纳,威廉 M.雷诺兹,帕特里克·斯莱特里,彼得 M.陶伯曼.理解课程(上)[M].张华,等译.北京:教育科学出版社,2003:6.

的框架之中，导致课程设计的机械性和缺乏艺术性”[①]。“舍恩在他关于反思性实践者的书中批评技术理性，不仅因其机械化的思想——强调途径实施而非目的的选择——而且因其否定亲身体验的真实世界。……首先，实践者看待问题时，不再视其为普遍理论的复制而是视其为特定的、个人的事例。在此，实践者关注的是问题的不一致或类比之处。……实践者的艺术体现在运用直觉、类比、隐喻而非普遍规则来处理‘混乱’的过程之中。”[②]

另一方面，课程沦为追求科学化内容的科学文本。追求科学化的方法、程序的背后，则是将知识视为客观存在，独立于学习者的实体性、表征性知识观。这一知识观源自彼得·拉莫斯（Peter Ramus）的“知识教科书化”（Textbookize knowledge）[③]，知识得以通过文字、符号获得表征，而知识内蕴的情境、探究、个人经验与生活史等遭致扼杀与唾弃。进而追求科学化内容的科学文本基于方法形式，如精细化、精致化的编制、组织等技术理性，确保知识的客观性、正确性、科学性。在这一能够凸显技术控制的课程单元中，将知识视为逻辑实证主义的客观实体，是基于事实与价值、审美与理性的二分基础之上的，“课程就被看成是一个装着将被发送到学习者手中去的普通知识的包裹，所强调的是目的与方法间存在的线性关系。在这种视角下，课程成了一种产品，由内容、目标、范围、次序、结构、行动、评价正确地混合而成，那些东西都可以被包起来传递到学习者手中”[④]。加拿大批判教育学的领军人物亨利·吉鲁（Henry A. Giroux）教授对此批评道：“知识是客观性的，‘必定存在’（bounded）与‘在那儿’（out there）。课堂中的知识经常被视作外在信息的客体，并与人类相互独立的产品存在。从这一角度，人类知识被视为独立于时间与空间，成了具备普遍性（universalized）与非历史性品质（ahistorical）的知识。……之后，知识不仅可以被计量和测量，而且与人无关。

① 靳玉乐.课程论[M].北京:人民教育出版社,2012:151.

② 小威廉·E.多尔.后现代课程观[M].王红宇,译.北京:教育科学出版社,2000:62-63.

③ William E. Doll, M.Jayne Fleener, Donna Trueit, John St Julien. Chaos, Complexity, Curriculum, and Culture: A Conversation[M].New York: Peter Lang Publishing, 2005:24.

④ 引自:汪霞.课程研究:现代与后现代[M].上海:上海科技教育出版社,2003:43.

这一教育学范式内的课堂教学实践通常都是学科取向，将学科知识视为分隔化(compartmentalized)和原子性(atomized)的方式。"[①]由此，深陷控制、效率等技术理性的科学实证范式之中的现代课程，逐渐沦落为标准化、同质性的方法与程序性、机械性的技术，课程被简化为流程、方法、程序，即"固定的跑道"，课程中的艺术、审美惨遭彻底遮蔽。因此，现代课程的审美救赎与美学重建已成为时下课程理论研究走出困境的必然之路，亦是本研究的主要课题。正如美国著名课程学者菲利普·杰克逊(Phillip Jackson)所言："Tyler法则已经过时，我们却没什么可以取代之，目前的思维模式及学校教育，无法公平地对待人的复杂性和尊严。课程控制权掌握在科学技术人员、测验编制者、教科书出版商和学校管理者的手里，我们的学校看不到人道主义的价值和目标，而课程工作者却无法对教师提供直接的帮助。教育经验中美学、伦理、精神的层面一再地被忽略。"[②]

进入20世纪70年代以来，西方课程领域发生了根本性的"范式转换"，从寻求"价值中立"的课程开发的理性、普适的程序，走向寻求多方面视角对课程意义进行境遇性、情境性、个人性等理解，开始由"怎样科学有效地开发课程"转换为借鉴质性研究方法论，广泛将诸多人文学科的视角"嫁接"到课程领域，课程成了一种"文本"，课程研究走向以"如何理解课程"为主，便产生了丰富多元的"课程理解范式"，其内在主旨在于突破"泰勒原理"在课程领域中的统治地位，突破"工具理性"或"技术理性"对课程领域的统治。"这种研究取向把课程视为'符号表征'(Symbolic representation)，课程研究的目的是'理解'课程'符号'所负载的价值观。这是一种'理解'取向的课程研究。"[③]有学者指出，这是一场"静悄悄的革命"，即从单一的学科主导性研究范式发展到多元的国际包容性研究范式。它规避了"课程是什么"的概念泛化所造成的课程定位无根性、课程发展无效性。在

---

①Henry A. Giroux. Ideology culture, the process of schooling [M]. London: The Falmer Press.1981:52-53. 引自：张良.课程知识观研究——从表征主义到生成主义[M].重庆：西南师范大学出版社，2017:75.

② Phillip Jackson. Curriculum and its discontent[J]. 引自：林素卿.美感经验对课程美学建构之启示[J].东海教育评论，2009(3):43-70.

③ 张华.走向课程理解：西方课程理论新进展[J].全球教育展望，2001(7):40.

将富含逻辑的科学性、涵泳想象的故事性、充满体验的游戏性有机结合的过程中，重新赋予课程以鲜活的生命力，彰显其内在的后现代品性。①

作为概念重建运动的旗手，威廉·F.派纳(William F. Pinar)教授曾明确宣言："课程开发：生于1918年，卒于1969年。"②进入80年代以后，西方课程研究领域广泛运用现象学、存在主义、解释学、后结构主义、解构主义、后现代主义、女性主义等哲学社会学思潮对课程进行探究，同时把文学理论、美学、自传或传记理论、神学等领域"嫁接"到课程领域，由此产生了形形色色的"课程理解"——政治的理解、种族的理解、性别的理解、现象学的理解、后现代的理解(包括后结构主义理解、解构主义理解)、自传或传记性理解、美学的理解、神学的理解、生态学的理解、全球化的理解，等等。课程变成了一种"文本"，对这种"文本"不同角度的解读，形成了丰富多彩的"课程话语"。当今的课程研究已经将课程置于广泛的社会、政治、经济、文化、种族等背景上来理解，联系个人深层的精神世界和生活体验而寻找课程的意义。③

在这场拯救深陷"技术理性"羁绊的现代课程理论的复杂性范式转型过程中，一种基于美学的概念和方法论试图重建课程的美学本质与审美功能，成了近年来课程探究的重要思潮。这一趋势所形成的美学取向的课程探究，被称为课程范式的美学转向，或美学课程理论(Aesthetic Curriculum Theory)，或课程美学(Curriculum Aesthetic)。

20世纪60年代，美国著名课程论专家哥伦比亚大学师范学院德韦恩·休伯纳(Dwayne Huebner)教授就曾对课程领域内科学主义传统所形成的惯习语言发出警示，在《课程语言与教室的意义》(Curricular language and Classroom Meaning)一文中，他指出，我们对课程的理解是由语言和隐喻形成。课程领域所使用的语言充满着危险的迷思，这些迷思之所以是危险的，并非因为迷思之故而是因为其

① 李志超，靳玉乐.论课程研究的后现代品性[J].当代教育科学，2011(12)：17-19.

② 威廉 F.派纳，威廉 M.雷诺兹，帕特里克·斯莱特里，彼得 M.陶伯曼.理解课程(上)[M].张华，等译.北京：教育科学出版社，2003:6.

③ 张华.走向课程理解：西方课程理论新进展[J].全球教育展望，2001(7)：40-48.

不被察知、不被挑战。他提倡美学语言(aesthetic language)堪成为替代泰勒原理之技术语言的一种重要语言,进而平衡传统科学、技术对学校课程的理解。因此,课程的美学探究,其价值即在于提供课程问题研究的另一方法论取向,或作为一种理解学校课程的互补观点。

1991年美国课程学者伊丽莎白·范兰斯(Elizabeth Vallance)在爱德蒙·肖特(Edmund Short)主编的《课程探究的形式》(Forms of Curriculum Inquiry)一书中发表了题为《美学探究:艺术批评》(Aesthetic Inquiry: Art Criticism)的论文,系统阐述了美学探究作为一种定性研究方法的意义和价值,指出美学探究可作为认识教育现象的一种手段,并首次将"艺术批评"纳入为"美学探究",探讨将艺术批评应用于课程探究的原理与原则。正如他指出:"美学探究的方式应该作为学校教育研究课程问题的一种指导方法,作为对教育问题解释的一种补充方法。"①同时,范兰斯还揭示出课程与艺术之间存在共同的美学的特征:"皆是人造品;皆是创作者与欣赏者沟通的媒介;皆是转化后可让欣赏者接近的知识形式;皆需经历问题解决的过程;其意义有赖于与欣赏者的相会;皆划定欣赏者经验的范畴等。"②

1995年加拿大英属哥伦比亚大学著名课程论学者威廉·派纳(William F. Pinar)教授在《理解课程——历史与当代课程话语研究导论》(Understanding Curriculum——An Introduction to the Study of Historical and Contemporary Curriculum Discourses)一书中详细阐述了在"概念重建运动"中美学取向课程探究的研究倾向及其主题,分别为:艺术对学校课程的意义、讨论美学概念与课程概念的关系、从艺术政治学的角度讨论课程理论、借用艺术的观念探讨课程与教学的艺术性、阐释戏剧与课程的关系等。其核心在于由美学概念体系理解课程的美学本质以及由艺术的观点研究课程与教学中蕴含的艺术特征等,并将这一借鉴美学的范

① Elizabeth Vallance. Aesthetic inquiry: Art criticism In Edmund Short (Ed.). Forms of Curriculum Inquiry[M].Albany, NY: State University of New York Press,1991:17-19.

② Elizabeth Vallance. Aesthetic Inquiry: Art Criticism [A].Edmund C. Short. Forms of Curriculum Inquiry [M]. Albany, NY: State university of New York Press, 1991:163.

式理解课程的取向的观点,凝练为:课程即"美学文本"(aesthetic text)。[①]

综上所述,美学取向课程研究的兴起或课程范式的美学转向是对现代课程开发理论中技术理性的审美救赎以及是课程再概念化运动深度推动的当代进展,它推动了课程探究的美学转向,也成为新世纪课程理论重要发展趋势之一。正如有学者指出:"传统课程探究依循实证主义有关明确具体、预测、控制、线性因果关系、清楚界限与归纳通则的预设,往往使课程研究沦落为工具化、表面化、简约化。不同的是,课程美学探究结合想象、隐喻、多元、解放与自由等人文概念以及自传、叙说、政治与历史等研究方式,跳脱实证主义课程研究偏向预测与控制的科学化思维,移向诠释理解与批判解放的研究途径,开启课程研究方法论的多元典范。"[②]

显然,西方课程理论研究在概念重建运动的基础上,生发出美学取向的课程探究。在课程理解的多元化思路、复杂性会话的浪潮中,美学取向课程探究基于美学的视域、概念与方法对以泰勒原理为核心的技术理性,展开了全面的突破与超越。对此,麦克唐纳提出了"美学理性"(aesthetic rationality)的理念,课程理论不单只是技术理性的规范,而是包含了整个人类理性潜能,既有美学理性也有技术理性。[③]也就是说,美学取向的课程探究作为一种理解课程现象的工具,区别于传统科学主义范式的课程探究,旨在寻求基于标准、信效度等科学原理指导,影响学校教育的政策和实践。美学取向的课程从美学的角度,对于课程的本质、教学与学习以及教师与学生角色等加以全面检视,旨在系统化探究课程中的缄默、隐藏、底层的美学实质。此时,从更广泛的意义上讲,它正在更新对课程的理

① William F. Pinar, William M. Reynolds, Patrick Slattery, Peter M. Taubman. Understanding Curriculum: An Introduction to the Study of Historical and Contemporary Curriculum Discourses [M].New York: Peter Lang Publishing, 1995:569-591. 中译本:威廉 F. 派纳,威廉 M. 雷诺兹,帕特里克·斯莱特里,彼得 M. 陶伯曼. 理解课程(上)[M]. 张华,等译. 北京:教育科学出版社,2003:589-627.

② 涂志贤. 再概念化学派的课程美学探究及其对课程研究的启示[J]. 教育资料与研究双月刊,2009(6):93-110.

③ William F. Pinar, William M. Reynolds, Patrick Slattery, Peter M. Taubman. Understanding Curriculum: An Introduction to the Study of Historical and Contemporary Curriculum Discourses [M].New York: Peter Lang Publishing, 1995:181. 中译本请参照:威廉 F. 派纳,威廉 M. 雷诺兹,帕特里克·斯莱特里,彼得 M. 陶伯曼. 理解课程(上)[M]. 张华,等译. 北京:教育科学出版社,2003:174.

解。课程理解的美学视角意味着借助美学的基本理论、价值论以及方法论等，对课程进行重新的内涵描述与意义阐释。

启蒙时代的人类之梦在于追求真善美的统一。但这种理想在玄虚的形而上学的基础上，脱离了现实生活。理性的膨胀与崇拜的“现代性”不但没有实现真善美的统一，而且还进一步割裂了三者的联系。[1]在概念重建运动的推动下，自启蒙运动以来，技术理性与审美理性的关系开始走向融合，课程与美学的分离也走向整合。在这一课程范式的美学转向的背景下，强调从审美的视角对课程本质的审视。课程的本质并非是技术理性控制的方法与程序，而是一种诗性智慧与审美经验生成的历程。在此，审美并非是课程的奢侈品，而是理性发展的必需品。同时，这一思潮转向下还指出，审美经验并非是工具论、认识论意义的审美，而是基于本体论、存在论意义上的审美。通过对课程作为美学文本的解读，课程世界中的真、善与美走向统一之路。

① 刘悦笛.生活美学——现代性批判与重构审美精神[M].合肥：安徽教育出版社，2005：2.

第二章　课程作为审美经验的实质

课程审美旨在基于美学的视角引领我们重新理解、言说课程的本质。对课程的美学思考，并非单纯借鉴美学的语言理解课程的审美特征、属性，而是进入本体论或存在论的视界为澄清课程的本质提供了美学视野，进而真正言说课程的本质与美学理解。那么，课程作为审美经验的内涵是什么？课程作为审美经验的特征为何？课程作为审美经验的美学原理又是什么？这些是本章探讨的主要问题。

一、课程作为审美经验的含义

审美经验的英文表达是"aesthetic experience"，又译为"美感经验"。在美学的话语体系中，审美经验是审美主体在审美活动中感受、知觉、判断审美对象过程中所表现出来的心理活动。一般来讲，审美经验是一个复杂多维的现象，或作为一种心理现象或文化现象，或作为一种关乎欣赏和接受的特殊经验，或作为所有实践活动都囊括的经验，等等。当代美学研究的重点已逐步由对美的本质的哲学追问转移到对审美经验及其相关问题的研究上。可以说，审美经验作为美学研究的关键议题，代表着当代美学理论研究的根本趋势，比如乔治·海曼(George Hagman)所言："18世纪的时候出现了一种新的美学研究方法，非常强调个体经验及对审美对象具体情感反应的重要性。"①

广义的审美经验指整个审美心理结构，包括感知、想象、理解、意志和情感等

① 引自：张宝贵.西方审美经验观念史[M].上海：上海交通大学出版社，2011:3.

要素。在鲍姆加登(Alexander G.Baumgarten)[①]建立美学之前,人类的知识体系只是发展了关于知识和道德的理论,分别是逻辑学和伦理学,而人的感觉、情感理论遭到忽视。“即使在鲍姆加登建立了关于感觉研究的美学之后,人的感觉和情感长期也是在理性哲学的视野中被把握的。这是因为人被规定为理性的动物,同时理性主要地理解为理论理性和实践理性,而感觉和情感是非理性的。”[②]

随着鲍姆加登对美学在人类知识体系中具有的合法性地位的极力确认,诸位哲学家、美学家们开始纷纷探讨人类独特的审美现象。现代“美学研究的对象从以美的本质问题为重心,转变到以审美经验的探讨为重心是当代西方美学的一大特点。它抛弃了传统美学一心想寻找美之所以为美的原因,从罗列和寻找一系列美的特质转变到对审美主体的审美经验进行描述”[③]。可见,对于审美经验的注重则是其区别于传统美学的根本特点之一,而这种区别并非是将审美经验放在工具层面,而是从目的、本体论层面看待审美经验本身。将审美经验放在本体论的层面,而非手段,它意味着所有生活经验均有审美的潜质,由此带来的直接结果便是审美经验范围的无限拓展,这是20世纪审美经验区别于以往所有传统之处。[④]

课程作为审美经验是基于美学视域课程本质观的命题断定。深入解释这一美学取向的课程本质,有必要从“作为”二字解读两者的关系,进而剖析“课程作为审美经验”的具体内涵。古汉语中,“作”是“作为”的含义,“作”字便表示“作为、当作”[⑤],现代汉语中“作为”的含义日益复杂,包括:名词意义上的所作所为、行为、可做的事;动词意义上表示:做出成绩;介词意义上表示:就人的某种身份

① 鲍姆加登,德国哲学家、美学家。1735年在其博士学位论文《关于诗的哲学默想录》中首次提出建立“美学”的建议。1750年正式用“美学”(Aesthetics)这个术语来命名他研究感性认识的一部专著。美学从此成为一门新的独立的科学,他也由此获得“美学之父”的称号。他从莱布尼兹(Gottfrid W. Leibniz)的理性主义认识论出发,认为“混乱的认识”也是人类认识的一种,应有专门的学科加以研究。人类的心理活动分为“知”“情”“意”三部分,“知”(理性认识)由逻辑学研究,“意”由“伦理学”研究,而“情”(感性认识)应建立美学来研究。参阅:朱立元.美学大辞典(修订本)[M].上海:上海辞书出版社,2014:517.

② 彭富春.哲学美学导论[M].北京:人民出版社,2005:162.

③ 朱狄.当代西方美学[M].北京:人民出版社,1996:235.

④ 张宝贵.西方审美经验观念史[M].上海:上海交通大学出版社,2011:2.

⑤ 汉语大辞典编辑委员会,汉语大辞典编纂处.汉语大词典(第一卷)[M].上海:上海辞书出版社,1986:1256.

或事物的某种性质来说。[①]显然,"课程作为审美经验"中的"作为"的意思主要指其介词的用法,即:就课程的某种性质来说,是审美经验。"作为"英文中的对应词汇是"as","as"的用法非常复杂,就本研究中所涉及的词义至少有:作为副词"同样地,一样地";作为介词"以……身份";像、如同等。[②]显然,英文中"as"表示的词义要更加丰富。结合中英文对"作为"的理解,可以将课程作为审美经验解读出两层内涵:其一,审美经验是课程的一种属性;其二,课程与审美经验具有一致性。

(一)审美经验是课程的一种属性

德国哲学家伽达默尔(Hans-Georg Gadamer)曾指出,审美经验本身是一个最令人费解的概念之一。[③]这是因为求知、审美和意欲,是一种综合性活动,分不开、切不断。审美正是这种综合性活动的某一部分,逐渐为人所意识、珍惜、需要。[④]波兰美学家沃拉德斯拉维·塔塔科维茨(Wladyslaw Tatarkiewicz)还指出"审美经验概念不是一个精确概念"[⑤]。本研究所言的审美经验是广义上的类概念,是相对于理性经验而言的,诸如"美感""境界""情感""审美意识""审美反应""审美观念""审美态度""审美趣味"等。

课程作为审美经验是基于美学视野对课程本质认识的拓展与深化。从美学的角度探究课程,课程不仅是理性运作的经验,还是一种渗透审美、想象、灵性以及诗意等因素的审美经验。就课程中的美学性质、艺术本质等特征来看,课程具有审美经验的特征与属性。

自再概念化运动以来,对课程的理解逐渐从静态的"跑道"转变到动态的"奔

---

① 中国社会科学院语言研究所词典编辑室.现代汉语词典[M].北京:商务印书馆,2016:1757.

② 陆谷孙.英汉大词典(上卷)[M].上海:上海译文出版社,1989:168.

③ 转引自:张宝贵.西方审美经验观念史[M].上海:上海交通大学出版社,2011:4.

④ 朱立元.美学(修订版)[M].北京:高等教育出版社,2006:18.

⑤ 塔塔科维茨甚至梳理了历史上的审美经验观,至少有八种。"极简理论"强调审美经验是不可分析的独特经验;"享乐主义"强调审美经验与主体享乐联系一起;"认识理论"强调审美经验作为一种认识类型;"幻觉派理论"强调审美经验超出现实之外;"主动性理论"强调审美经验是个体将自身转移到客体之上;"静观说"强调审美经验源自主体将注意力集中在外在对象;"狂喜论"强调审美经验源自狂热的主体感受;还有孤立说、举例说、非功利说以及格式塔心理学等看法。引自:张宝贵.西方审美经验观念史[M].上海:上海交通大学出版社,2011:4-5.

跑”,将重心落在“跑的过程”上,即教师与儿童共同的学习履历与生活自传。从美学的角度理解这一自传履历,“课程逐步像艺术那样形成,作为复杂冥思和重构经验。在这一方面,课程可以与任何艺术形式相媲美,包括舞蹈在内,课程思想和行动的美学模式依赖于发展着的经验的原则:‘要点不是去除大量的原则、规则和方法,而是反思性地通过将它们与发展性经验联系起来,以改变我们对它们的运用。’”[①]因此,课程并非单纯理性、技术的语言,而是通过艺术实现审美经验的生成,课程将成为一种审美经历,“一趟充满着主动学习契机的‘灵性旅程’,在这学习的旅程中,主客体以美感作为沟通与对话机制,以‘经验与分析’重现‘诠释与理解’,课程与教学不再是冰冷的知识传递,而是师生互通融贯的共同创造之旅”[②]。

因此,审美经验是课程的一种属性,课程表现出来具有审美经验的性质和要素。由此,将课程理解为审美经验,旨在借用美学视角言说其内在的审美经验特征。

(二)课程与审美经验具有一致性

审美经验作为课程的一种属性或性质,是课程作为审美经验的基础性含义。同时,课程作为审美经验还表示出,在本质意义上,两者具有普遍性、一致性、共同性的价值取向,都旨在追求审美与艺术创作、审美体验,进而通过审美获得自由与解放。因此,从这个角度,课程与审美经验两者都旨在通过艺术创作、审美体验来寻求意义追求与解放旨趣的价值取向。

哈贝马斯将人的认识兴趣划分为三类:技术的兴趣、实践的兴趣(practical interest)和解放的兴趣(emancipatory interest)。[③]其中,“技术兴趣”意指人们试图

---

① William F. Pinar, William M. Reynolds, Patrick Slattery, Peter M. Taubman. Understanding Curriculum: An Introduction to the Study of Historical and Contemporary Curriculum Discourses [M].New York: Peter Lang Publishing, 1995: 556-557.

② 陈伯璋.课程美学[M].台北:五南图书出版公司,2011:1.

③ “兴趣”对应的英文词为interest,一般还可译为:旨趣等。当上述三类兴趣或旨趣能够在不同语境中具有连贯性、一致性或共识性,便可以称之为“价值取向”。参阅:(德)尤尔根·哈贝马斯.认识与兴趣[M].郭官义,李黎,译.上海:学林出版社,1999:194-215.

通过技术支配或操纵外部世界的兴趣，它以“控制”为核心特征，以达成外在目标为宗旨，所关心的是对客观化过程进行技术处理，与之对应的是工具理性。显然，以泰勒原理为主导的科学主义范式中的课程开发模式，其对“技术兴趣”的追求是显而易见的。[①]实践的兴趣意指人们通过与环境、与他者的交往达成相互理解和基本共识的兴趣，指向的是人与环境的相互作用，与之对应的是实践理性。杜威对传统经验概念的重建，经常成为一种与环境的交互作用。显然，这是典型的“实践理性”与“工具理性”以及“技术旨趣”与“实践旨趣”的结合，“在杜威的经验概念中，人的主体性、人的尊严和价值并没有真正体现，人只是作为功能而存在，人的个性、尊严和价值都消失在那种动态的相互作用之中了。……在杜威所处的时代，科学技术迅猛发展，科学在对自然与人的控制方面显示出神奇的力量，人们对科学的社会功能充满迷信，认可科学是人的解放的万应灵丹”[②]。解放兴趣是人类对自由、独立和主体性的兴趣，其目的就是把主体从依附于对象化的力量中解放出来。[③]而解放旨趣正是审美经验所给予主体的价值取向，正如有研究指出：“美感经验常是人类心灵中宝贵的高峰体验，此种经验之发生必使心灵中感觉、直觉、理解力、想象力、理性的形式思维等各种心理功能全面发挥且均衡协调，此均衡而统整的心灵状态，又可概括统称为‘精神自由’。”[④]

因此，课程作为审美经验强调课程与审美经验的一致性，旨在凸显直观、想象和情感等在课程中的意义与价值，激活审美的态度看待课程，课程从而意味着一场充满惊奇、审美、想象等美学特征的复杂性旅途，进而向自身审美世界敞开，释放审美、灵性与想象力。其重要意义在艾斯纳看来在于，我们能够经验到世界更幽微、更奥秘复杂的方面，通过促进我们的想象力，使其成为探索新的可能性的一种手段，使我们从文字的字面意思中解放出来，并最终帮助我们发现、勾勒

① 参阅本书第三章“课程作为审美经验的依据”中第一部分“课程作为审美经验的合理性”等相关论述。

② 张华.经验课程论[M].上海:上海教育出版社,2000:235.

③ 尤尔根·哈贝马斯.认识与兴趣[M].郭官义,李黎,译.上海:学林出版社,1999:209.

④ 崔光宙,林逢祺.教育美学[M].台北:五南图书出版公司,2000:i–ii.

出情感性自我。[①]

概言之,课程作为审美经验与审美经验的价值取向一致,超越技术理性、实践理性,通过审美获得自由、获得自我真实、彻底的解放。这是"课程作为审美经验"的第二层含义,亦是内在意义的内涵。

二、课程作为审美经验的属性

课程作为审美经验是美学取向的课程本质观,这一取向的课程理解仅仅是基于美学的外在视角才得以成立吗?仅仅体现在艺术学科的课程特性吗?与理智因素相互排斥吗?针对这三个问题,接下来对课程作为审美经验的特征进行具体阐述。

(一)课程作为审美经验并非局限在美学论域,而是课程的应有之义

美学取向的课程探究的思路在于从美感、艺术、审美等角度对课程本质进行重新解读与意义描述,课程具有了美学意蕴,成了审美的旅程。那么,课程作为审美经验,是课程内赋的美学本质还是课程外在的美学性格或属性呢?本研究指出:课程作为审美经验并非单纯是美学取向的外在论域或依托于美学视角课程本质的注脚,而体现了课程本质的应有之义。

自从课程再概念化运动以来,课程的定义不再只被理解为教科书或学科知识,而被视作经验。根据约翰·杜威在《艺术即经验》(Art as experience)中对经验的概念重构,经验本身融合了真、善与美三个维度的统一。[②]真的维度指向理智与知识,善的维度指向伦理或德行,而美的维度指向审美与艺术。杜威反复论证,"审美既非通过无益的奢华,也非通过超验的想象而从外部侵入到经验之中,而是属于每一个正常的完整经验特征的清晰而强烈的发展"[③]。

在杜威经验自然主义哲学中,经验的完整性是指一个经验在历经手段与目

① 艾利奥特·W.艾斯纳.艺术与心灵创造力[M].朱珺,译.北京:中国社会出版社,2016:10-11.

② John Dewey.Art as Experience[M].New York: The Berkley Publishing Group,1934:37-39.

③ 约翰·杜威.艺术即经验[M].高建平,译.北京:商务印书馆,2010:54.

的、“做”与“受”的相互作用中，实现内部融合与一体化的过程。在这个过程中，“没有任何经验可以有统一性，除非它有审美性质”①。也就是说，经验若要实现完整性、完满性就需要借助审美、艺术与美学的作用。因此，审美性质即是任何一个完整经验都具有的，而完整经验又不只限于审美经验。所以审美经验与非审美经验（如实用、理智、道德经验等）的差别是审美性质在强度或程度上的不同，而不是种类上的不同。②概言之，基于“经验”的视角理解课程，课程是一种作为经验的存在，那么，课程便必然具有审美、美学维度，而这乃课程的应有之义。

因此，我们认为美学取向的课程理解与其说是一场课程探究与美学的邂逅、课程研究跨越边界的跨学科研究，不如说是课程自身内部问题的自我剖析，课程作为经验在美学维度的自我理解与诠释。换言之，将课程理解为审美经验或美学文本是课程理解美学维度的应有之义，而非是外在标签或美学注脚。进而，旨在换一种视野去理解课程，课程在本质上具有无可辩驳的美学特征，即审美—美学。因此，在这个意义上，所有的课程都是审美经验，所有的课程理论都是基于美学取向的课程研究。

那么，为何要基于美学视角言说课程的审美本质呢？其实，将课程理解为审美经验不仅有助于揭露课程被遮蔽的审美维度，更有利于理解课程的艺术创造的美学本质。在海德格尔（Martin Heidegger）看来，艺术之为艺术的一个重要特征，乃是“存在者的真理自行设置入作品”③。也就是说，美学视角下将课程理解为审美经验将有助于深度理解课堂教学中教师即兴创造与审美创作的人性意义与课程价值，同时，课程艺术创造的审美本质也自行进入这一艺术作品之中，最终，课程的内在本质便由此获得“澄明”与“显示”。

通过将课程理解为审美经验得以突破现代课程理论中技术理性的钳制，课程内在的艺术创造本质便难以遮蔽而得以敞开。显然，作为艺术作品的审美经

① John Dewey. Art as Experience [M].New York: The Berkley Publishing Group,1934:137-138.

② 刘昌元.西方美学导论[M].台北:联经出版事业公司,1986:121-122.

③ 马丁·海德格尔.林中路[M].孙周兴,译.上海:上海译文出版社,2004:21.

验不同于纯然的制作物，它还道出了某种别的东西，作品还把别的东西公之于世，它把这个别的东西敞开出来；所以作品就是比喻。[①]也即是说，“艺术作品以自己的方式开启存在者之存在。在作品中发生着这样一种开启，也即解蔽，也就是存在者之真理。在艺术作品中，存在者之真理自行设置入作品中了。艺术就是真理自行设置入作品中”[②]。

对此，海德格尔曾举凡·高（Vincent W. van Gogh）的农鞋画为例，阐明艺术作品的美乃是存在的真理的展现。“从鞋具磨损的内部那黑洞洞的敞口中，凝聚着劳动步履的艰辛。这硬邦邦、沉甸甸的破旧农鞋里，聚积着寒风料峭中迈动在一望无际的永远单调的田垄上的步履的坚韧和滞缓。鞋皮上沾着湿润而肥沃的泥土。暮色降临，这双鞋底在田野小径上踽踽而行。在这鞋具里，回响着大地无声的召唤，显示着大地对成熟的谷物的宁静馈赠，表征着大地在冬闲的荒芜田野里朦胧地冬眠。这器具浸透着对面包的稳靠性无怨无艾的焦虑，以及那战胜了贫困的无言喜悦。这器具属于大地，它在农妇的世界里得到保存。”[③]显然，凡·高的农鞋画之所以成为艺术作品，并不在于它巧妙地展示了农鞋的用具特征，它并不展现这种“存在者的真理”，而是在于它展现了一个农鞋所凝聚着的生存世界。

无疑，如将预设的方案、蓝图通过课堂教学付诸实践，这样的教师角色便是一种工匠，这样的课程乃是技术理性控制的课程。而课程作为审美经验，课堂场景中的“艺术创作的本性不是如此。艺术创作的过程是一个探索和发现的过程，过程的结果在过程结束之前是不可预知的”[④]。实践中，教师的课堂教学往往按照教科书的教材设计，将其按照45分钟的时间推进，进行教学环节的组织与安排，这样的课堂教学不仅缺乏明确的学科观念的目标设定，而且环节也脱离教师的慎思。课程成为审美经验的前提在于教师的课堂教学即课程开发的过程，教师的每一次课程开发都是一次艺术创造。教师并不像工匠那样有一套现成的程

① 马丁·海德格尔.林中路[M].孙周兴，译.上海:上海译文出版社，2004:4.
② 马丁·海德格尔.林中路[M].孙周兴，译.上海:上海译文出版社，2004:25.
③ 马丁·海德格尔.林中路[M].孙周兴，译.上海:上海译文出版社，2004:18-19.
④ 王德峰.艺术哲学[M].上海:复旦大学出版社，2005:176.

序来达到自己的预期或目的。此时,教学实践就不单纯只是一种人际交流、知识授受的过程,而是课程开发过程。"在课堂情境中,教师的主体性充分发挥的过程就是教师在'创作'(author)课程事件或'创生'(enact)课程的过程。'在这个意义上,教师像课程的其他作者一样在"创作"课程,只不过教师是现场"创作",而其他作者则是其作品在被阅读。'"①显然,技术理性视域中的课程与美学取向的课程理解,体现了伽达默尔所区分的艺术作品与手工艺品的区别,即内在目的与外在目的的差距。"手工艺品不是为了它自身,而是为了一个服务性的功能而存在的,它是一个技术的产品,它更像一个工业产品,而不像艺术作品。手工艺品是为了某些目的而制作的。和这相反的是,一个艺术家,即使他在生产的时候使用了机械的方式,他所生产的东西也是为了它自身,它的存在也仅仅是为了被注视或思考。人们允许艺术作品被展出并希望看到它被展出,这就是全部。只有在这时,它才是作品。它保留为由艺术家所创立的作品,作为他的作品,他可以签署自己的名字。"②

(二)课程作为审美经验并非艺术学科专利,而是学校课程的属性

课程作为审美经验并非是艺术学科的专利,而是学校中所有课程都具有的属性。虽然学校学科的知识内容有所差异,但如果从课程的视角、思维,思考课程的性质,诸多学校学科间还存在着相同性。相同性体现在课程要素的一致性。例如:美国著名课程论专家约瑟夫·施瓦布(Joseph Schwab)曾指出:无论任何一个学校学科场域,课程都是由教师、学生、教材与环境(milieu)四个要素构成。③在他看来,课程的这四个要素是"独特而永远变化的整体结构",在这个结构中,教师和学生是一种"交互主体"的关系,两者之间的相互作用是最生动、深刻、微妙而复杂的,这种相互作用是课程意义的源泉。教师、学生、教材、环境之间的相互作用构成一个有机的"生态系统"。有多少个教育情境,就有多少个课程的"生

① 张华.研究性教学论[M].上海:华东师范大学出版社,2010:145.

② 引自:孙丽君.伽达默尔的诠释学美学思想研究[M].北京:人民出版社,2013:103.

③ Joseph Schwab. The practical 3: Translation into curriculum [J].School Review,1973(81):500-522.

态系统”。[①]这四个要素间产生各种相互作用,包含:教师与学生、教师与教材、教师与环境、学生与教师、学生与学生、学生与教材、学生与环境等相互作用。其实,施瓦布关于课程即四要素间相互作用的理解是杜威关于课程即人与环境互动的翻版,是一种注重“实践理性”的课程观。那么,这一系列相互作用中,如果按照泰勒原理的设想,基于效率主义、控制主义以及技术理性的影响,主体与客体、自我与对象必然截然分离,仅仅实现外在的目的,课程诸要素间的互动难免沦为单调、机械控制、麻木状态。若从美学的角度,重新理解课程诸多要素。在这一系列互动过程中,课程中的诸多要素并非依据“目的不明而导致的懈怠;屈服于实践和理智行为中的惯例”[②],或完全依托于外在预设的方法、秩序的控制,而是师生全身心投入课程之中,共同参与、对话,基于教师个人审议、情境决策或施瓦布所理解的实践的艺术与折中的艺术,课程便会呈现出“物我两忘”“物我同一”“情景契合”以及“情景相生”的意境,意境中的意象便生成为一种审美经验。如杜威指出:“审美经验的仅有而独有的特征正在于,没有自我与对象的区分存乎其间,说它是审美的,正是就有机体与环境相互合作以构成一种经验的程度而言的,在其中,两者各自消失,完全结合在一起。”[③]

情景相融、相生是我国著名美学家朱光潜先生对审美经验的最根本特征的概括,如他所言:美感经验的特征就在物我两忘。我们只有在注意不专一的时候,才能很鲜明地察觉我和物是两件事。如果心中只有一个意象,我们便不觉得我是我,物是物,把整个的心灵寄托在那个孤立绝缘的意象上……[④]课程要素间通过互动生成了一种情景相融的意象,这一意象并非基于技术、理性的控制关系,而是最为原初、直接的审美关系,这种回归不仅是课程实现成为动词性的跑道,而且更是课程中“人”的回归,正如法国美学家米盖尔·杜夫海纳(Mikel Du-

① 张华.课程流派研究[M].济南:山东教育出版社,2000:240.

② John Dewey. The Quest for Certainty —— A Study of the Relation of Knowledge and Action [M]. New York: Minton, Balch & Company, 1929:39.

③ 约翰·杜威.艺术即经验[M].高建平,译.北京:商务印书馆,2010:289.

④ 朱光潜.文艺心理学[M].合肥:安徽教育出版社,1996:17.

frenne)所言:“审美经验揭示了人类与世界的最深刻和最亲密的关系,他需要美,是因为他需要感到他自己存在于世界。”[①]那么,情景相融的意象世界源自于教师与学生全身心的投入,这一意象世界也凸显了课程的本来面目。同时,这一意象世界为审美经验的自觉、为师生诗意地栖居提供了充分条件。对于审美经验,杜威还指出:任何实际的活动,假如它们是完整的,并且是在自身冲动的驱动下得到实现的话,都将具有审美性质。[②]这一对话过程恢复了每个人皆具有的察觉与想象能力,彼此作为相互手段与目的达到了完美的、有机的结合。这种共同参与、创造出彼此的经验乃完美经验的表现,便是美感经验的典型。也就是说,“使一个经验成为审美经验的独特之处在于,将抵制与紧张,将本身是倾向于分离的刺激,转化为一个朝向包容一切而又臻于完善的结局的运动”[③]。

显然,审美经验是伴随着课程中手段与目的的完整结合,目的获得完满实现。这种完满自足的感觉会引发持续的欢愉,学习者完成身心建构的活动获得成就感和满足感,经验之后产生完满、自足感受,内在的统一性,情感相融合与融入。课程作为美感经验来自于课程要素间的互动,进而让教师与学生打破二元对立,获得全身心的投入,并在这一互动之后产生完满、自足的感觉。这一感觉裹挟着情感的融入,在杜威看来,便成了完整经验的典型,即审美经验。概言之,审美经验来自于课堂境遇中课程要素的互动,手段与目的的完美结合。那就意味着学校课程中,审美经验并非是艺术课程的专利,不论学科内容、教师与学生以及环境、情境有何差异皆可创生出审美经验。

(三)课程作为审美经验并非排斥理智因素,而是弥合理智与审美的割裂

将审美经验划分为审美场域,而与理智成分割裂,进而全然指向了非理性因

① 米盖尔·杜夫海纳.美学与哲学[M].孙非,译.北京:中国社会科学出版社,1985:3.

② 约翰·杜威.艺术即经验[M].高建平,译.北京:商务印书馆,2010:45.

③ 约翰·杜威.艺术即经验[M].高建平,译.北京:商务印书馆,2010:65.

素，实际上，是主、客体二元论在审美场域中的体现。①真正的审美意识乃是情与思的结合。显然，审美经验一定是融合了理智与审美、情境与思考，这种思并非是概念思维或理性思维，而是思维与形象、情境的结合，是一种弥合理智与审美割裂的形象思维。

课程作为审美经验并非与理性探究相违背，互不相融。正如美国课程学者马德琳·格鲁梅特（Madeleine Grumet）所言："课程研究中的美学理论带给学生的是一个有趣的、惊奇的、令人惊讶的世界。我们对这个世界的思考与理解，完全与吾人身体的感官经验、情感、情绪以及吾人知觉的习性与逻辑和分析的应用，相互交织在一起。"②瓦兰斯也指出："美学探究常被误以为与理性探究相违背，互不相容，因之造成被边缘化的孤立情形。然而，实质上，理性逻辑与美学直观对人类思维与认知功能的发挥是相辅相成，相互为用。"③杜威基于对传统经验概念的重建指出："可感觉的因素和理性的因素不再争夺等级的高低。它们相互联系，相互协作，使得知识成为可能。"④显然，课程作为审美经验在于意义追求，假如能获得美感，那么非此即彼的二元对立就会消失，我们就能拥有多元的观点与真实。在非此即彼的二元对立冲突的世界中，我们需要尽可能地以不同的角度洞察世界，感受世界上鲜活经验的"多元实在"或"意义的领域"。⑤

在杜威的经验哲学视野内，审美性质既是任何一个完整经验都具有的，而完

---

① 主、客体二元论引发了一系列诸如:身体与心灵、感觉与理性、艺术与理智等二元论。这里的主体乃是脱离于人生活的活生生的现实生活世界的抽象实体，进而这种主体具备了理查德·罗蒂（Richard Rorty）所言的"不可改变地认识自身的能力（ability to know itself incorrigibly）、离开身体去存在的能力、非空间性（具有一个非空间的部分或'成分'）、把握普遍项的能力、维持与非存在者关系的能力（ability to sustain relations to the inexistent）、使用语言的能力（to use language）、自由行动的能力（to act free）、构成我们社会集团的部分的能力（to form part of our social group），成为'我们中间之一'的能力（to be one of us）、不能被等同于'世界中'任何对象的能力（inability to be identified with any object 'in the world'）"。因此，在这一二元论视野下，心灵、思维、理性、理智都代表着人作为认识论主体的本质，而身体、肉体、感官、经验、艺术、审美等则代表着具有广延性等特征，而与主体相比，这些维度、因素则意味着认识过程的偶然性、无序、混乱的源泉，且不具备认识论层面的价值和意义的优先性。转引自:Richard Rorty. Philosophy and Mirror of Nature [M]. Princeton, NJ: Princeton University Press, 1979:36.

② 引自:张良，靳玉乐.课程作为审美经验——美学取向的课程理解[J].课程·教材·教法，2017(12):6-7.

③ 李雅婷.课程美学探究取向的理论与实践[D].台湾师范大学，2002:30.

④ John Dewey. The Quest for Certainty —— A Study of the Relation of Knowledge and Action [M]. New York: Minton, Balch & Company, 1929:131.

⑤ 洪咏善.教学的美感经验如何可能?[J].中等教育，2010,61(4):130-141.

整经验又不只限于审美经验，所以审美经验与非审美经验、理智经验与审美经验之间的差别是审美性质在强度或程度上的不同，而不是种类上的不同。[①]因为，任何一个经验要想实现手段与目的完满结合的完整性、统一性就必须依赖于审美经验。也就是说，在杜威看来，与审美经验相敌对的，不是完整的理智经验、实用经验或道德经验，而是漫无目的或机械化、常规化的两个极端。例如，杜威曾举例，在生活中，解决某个问题、玩一场游戏、下一盘西洋棋、写一本书或者参加政治性的竞选活动，当我们真诚专注地参与其中，就能带给我们鲜明的印象以及结束后的完满感。在实用、理智与道德的活动中都可具有这些性质，也因此都可以成为审美经验。这些活动都混杂着情感、理智与实用，无法分辨。情感、审美的经验将理智、实用统合。显然，与美感经验相对的不是理智、实用，而是生活中的单调、麻木、松散以及不连贯等。进而，美感经验的内涵便在主与客、审美与理智的融合下，获得全新的内涵，指经验的主体全身心地沉浸在活动情境之中，专注地参与，使自己的理性与感性相互融合，成就了一种具有统一性质的经验，并于经历过后，具有自足而完整的感受。[②]无疑，课程作为美感经验期许释放课程作为经验的审美维度，并将在这个完整性的经验中完全模糊、消解理智与审美的区分壁垒，从而拓展与丰富了课程作为教育性经验的内涵，让课程与教学更富有想象力与创造力。在这个意义上，课程便成了一项创造美感经验的历程。

三、课程作为审美经验的特征

杜威在其晚年著作《艺术即经验》中着力恢复艺术与非艺术、审美经验与日常经验的连续性，并极力主张将审美经验置于现实生活的境遇内讨论其性质、表现及特征。无疑，这一思想为探究课程作为审美经验提供了美学基础，同时也为深入理解课程作为审美经验的性质、表现等问题提供了理论参考。

---

① 刘昌元.西方美学导论[M].台北:联经出版事业公司,1986:122.

② 林素卿.美感经验对课程美学建构之启示[J].东海教育评论,2009(3):43-70.

(一)情境中的交互生成

"没有离开人而独立存在的所谓纯粹客观的美,因为没有主体的介入、参与,即没有人去'审'美,就不可能有审美现象;也同样决定了没有离开审美客体(对象)的纯粹的审美主体。"[①]审美是以人与世界的审美关系为基础。审美经验源自个体与情境的交往互动而得以创生。这一突出性质在于自我与对象、自我与世界、自我与情境之间没有区分,融为一体。因为审美经验便是源自有机体与环境、情境之间的相互协调、融通。在中国传统美学看来,情境中的交互生成构建了一个情景交融的意象世界,而这一意象便是美的本体。[②]这一审美意象及其所诞生的审美经验是一个完整的、充满意蕴、想象力与情趣的感性世界。"意象",在我国著名美学家朱光潜教授看来便是物我两忘与物我合一。[③]

情境融合并交互生成则有利于突破主客二元论的思维模式来理解课程,充满意境、审美的课程世界便不再被遮蔽。这一意象的课程世界凸显了课程的本来面目,审美经验与理智经验的统一。基于情景的互动,教师与学生诗意地栖息在课程情境之中,教师、学生分别与其他课程要素的结合、互动,生成了一个意象世界。这一意象中,并非是将课程中的哪一方面要素视为主要方面,也并非是将这一方面视为具有主导作用或处于中心位置。除了人与情景的交互以外,还涉及人与人的角度,即教师与学生的全身心投入与情境参与。因此在审美经验的话语体系中,教师与学生的界限变得模糊,是作为交互主体性的存在关系。用保罗·弗莱雷(Paulo Freire)的话来解释便是:"教师的学生(students-of-teacher)及学生的教师(teacher-of-the- stu dents)等字眼不复存在,新的术语随之出现:教师学生(teacher-student)及学生教师(students-teachers)。"[④]从这一角度,"'课程之美'并不在于外在内容题材选择、教学技法的安排,而是在于引发人与人之间

① 朱立元.美学(修订版)[M].北京:高等教育出版社,2016:5.

② 叶朗.美学原理[M].北京:北京大学出版社,2009:54-55.

③ 赵士林.当代中国美学[M].北京:人民教育出版社,2008:11.

④ 保罗·弗莱雷.被压迫者教育学(30周年纪念版)[M].顾建新,等译.上海:华东师范大学出版社,2001:31.

'互为主体'的'共鸣'作用"。[①]

这一意象中,学校课程不仅是理性运作的经验,还是一种渗透着情感、想象、自觉以及诗意等要素的审美经验。杜威在重建传统经验主义"经验"的内涵基础上,将"经验"理解的重心移向了参与、介入、交互与创生,即强调有机体与环境之间的相互作用过程,经验"'首先是一种行动的事件',它是'人类与物质环境和社会环境之间进行的交流'。这种'交流'是一种交换、一种交易,在其中生命与环境的诸要素之间进行互动"[②]。简而言之,经验即行动、交流、交换与互动。显然,经验的本质在杜威看来就是"做"与"受"的交互过程中,"做"与"受"须保持平衡与有意义的关系。"审美经验的仅有而独有的特征正在于,没有自我与对象的区分存乎其间,说它是审美的,正是就有机体与环境相互合作以构成一种经验的程度而言的,在其中,两者各自消失,完全结合在一起。"[③]这期间,"将艺术和审美知觉与经验的联系说成是降低它们的重要性与高贵性的说法,只是无知而已。经验在处于它是经验的程度之时,生命力得到了提高。不是表示封闭在个人自己的感受与感觉之中,而是表示积极而活跃地与世界的交流;其极致是表示自我与客体和事件的世界的完全相互渗透"[④]。因此,课程作为审美经验的第一层性质便是情境的交互生成,这就意味着:"当教学以互动形式进行,教师不对预期结果过度控制,而能维持教学意图与'材料'(教材)、'对象'(学生)之间的张力关系,让学生经历一种动态的学习过程,则有利于成就美感经验。"[⑤]

(二)情感的投入与表现

杜威曾明确指出:"使一个经验变得完满且整合的审美性质便具有情感性。"[⑥]也就是说,审美经验之所以具有审美性,不是因为它具有某种独一无二的

① 黄彦文."共鸣的课程美感经验"之研究[D].台北教育大学,2014:20.

② 罗伯特·B.塔利斯.杜威[M].彭国华,译.北京:中华书局,2002:52.

③ 约翰·杜威.艺术即经验[M].高建平,译.北京:商务印书馆,2010:289.

④ 约翰·杜威.艺术即经验[M].高建平,译.北京:商务印书馆,2010:22.

⑤ Thomas Barone. Education as aesthetic experience: "art in Germ" [J].Educational leadership,1983(40)4:21-26.

⑥ John Dewey. Art as Experience [M].New York: The Berkley Publishing Group, 1934:76.

独特要素，也不是因为它独一无二地集中于某种具体的层面，而是由于它更有热情地将日常经验的所有要素结合进一个吸引人的、发展着的整体，这个整体提供了某种令人满意的情感性。[①]显然，课程作为审美经验，区别于沉闷、单调、枯燥、烦累的教育性经验。审美经验突出指向愉悦、惊奇、体悟、希望、欢喜以及满足感等情感的投入与表现。

所谓情感，在杜威看来并不是像婴儿在沉睡中被吵醒而哭闹的那种片段性、反射性情绪，而是伴随着事件的发展与变化过程，对所从事的活动"全心全意"地投入，情感随着行动的过程而起伏变化。[②]情感是依附于处于经验过程中的事件和物体，情感在这一过程中促使经验成为一个统一体，是将经验的各个部分统合起来的黏合剂，并通过有秩序、有组织的行动而达成经验的统一性与完整性。对此，正如杜威所言："经验本身具有令人满意的情感性质，因为它拥有内在的、通过有规则和有组织的运动而实现的完整性和完满性。艺术的结构也许会被直接感受到。就此而言，它是审美的。"[③]此外，情感的投入与表现，并非一般所言的愉快的感受，即使是愉快的感觉也并非一时的快感。因为，在任何一个经验情境，可能会面临挫折、陷入困境，从而寻找出路，这个情境、经历本身令人感到痛苦与劳烦。杜威曾确信，"很少有强烈的审美经验完全是愉快的"[④]。宋代诗人陆游《游山西村》一诗中的"山重水复疑无路，柳暗花明又一村"，描述了面对挫折乃至山前无路，却在专心致志地克服困难后，柳暗花明，并生发了又见新景象的喜悦之情和豁然开朗的愉快。这个过程便是审美经验。

由此，情感的融入在课程教学中是不可或缺的因素。"美感经验的旅程中总是承载着'情感'，情感是触发探究、捕捉意义的网，在教学的美感经验里，教师与学生的情感是意义创造的开关，唯有透过个体投入情感才能寻获自我的意义，换言之，意义的重建来自于个体的情感投入。"[⑤]因为教育是面向人的经验存在，人

① 转引自：李媛媛. 杜威美学思想论纲[M]. 北京：中国社会科学出版社，2010:51.
② 周淑卿. 学习历程中美感经验的性质——艺术与科学课堂的探究[J]. 课程与教学季刊，2010(14):19-40.
③ 约翰·杜威. 艺术即经验[M]. 高建平，译. 北京：商务印书馆，2010:45.
④ 约翰·杜威. 艺术即经验[M]. 高建平，译. 北京：商务印书馆，2010:48.
⑤ 洪咏善. 教学的美感经验如何可能？[J]. 中等教育，2010，61(4):130-141.

不仅是理性的存在,同时又是理性的另一半——情感的存在。因此,"课程之美并不完全是外在于人的艺术作品,参与者的体验与生命情感的投入、交流与共构,才是课程之美的人性价值之所在"①。进一步说,课程教学伴随着情感的融入、发展,才能使师生切身融入课程情境之中,所获得的经验本身也并不再松散与机械,这种经验便富有审美气质,也是审美经验的展现。

(三)手段与目的的融合

手段与目的的融合意味着一个活动、经验或事件的完成与完整,而经验实现内部完整则意味着审美经验的油然而生。"在这样的经验中,每个相继的部分都自由地流动到后续的部分,其间没有缝隙,没有未填的空白。"②中间没有空洞,没有机械的结合,没有死点。也就是说,手段与目的的融合,意味着一个经验内部实现整合,"一件作品以一种令人满意的方式完成;一个问题得到了解决;一个游戏玩结束了;一个情况,不管是吃一餐饭、玩一盘棋、进行一番谈话、写一本书,或者参加一场选战,都会是圆满发展,其结果是一个高潮,而不是一个中断。这一个经验是一个整体,其中带着它自身的个性化的性质以及自我满足"③。这些例子中,通过手段与目的的融合,手段实现了目的的意义与功能,从而经验在内部实现完成与完整,这一经验本身便成了审美经验。关于手段与目的的融合实现经验内部的完整,杜威曾指出:"审美活动与理智活动之间的区别在于对活的生物与其周围环境间相互作用的持续节奏过程的强调之处不同。两者所强调的基本质料是一致的,一般形式也是一致的。那种认为艺术家不思考,而科学研究者则除思考以外什么也不做的奇怪的想法,是将进展节拍与着重点的不同转变为种类的不同。当想法不再仅仅是想法,而成为对象的整体意义之时,思想家也在审美了。艺术家也有自己的问题,并且在工作时也思考。但是,他的思想更为直接地体现在对象之中。科学工作者相比之下更为远离其目的,用符号、语词与数

① 黄彦文."共鸣的课程美感经验"之研究[D].台北教育大学,2014:14.

② 约翰·杜威.艺术即经验[M].高建平,译.北京:商务印书馆,2010:42.

③ 约翰·杜威.艺术即经验[M].高建平,译.北京:商务印书馆,2010:41.

学代号工作。艺术家以他工作用的媒介种类本身来思考,他的手段与他所制作的对象是如此接近,以至于使前者直接融入后者之中。"[①]周淑卿教授也曾举例阐述:一个画家必须有意识地感受他所画出的每一笔的效果,思考着这个效果与他所想要产生的整体结果之间的"关系",以进行下一笔的效果,思考着这个效果与他所想要产生的整体结果之间的"关系",以进行之后所下的每一笔。也就是说,每一步都有对将要完成某种事物的预期,此种预期又引导着下一步所要做的。此种对"关系"的敏锐感觉,引导、控制着创作者的行动,对于他所做的每一步都具有累积性。这一累积性过程中,目的与手段相互作用,逐渐累积,互为手段,循环不已,直到他对所做的感到满意为止。这个手段与目的相互融合的情感性活动,便是一种审美经验。[②]

显然,根据杜威、周淑卿的解释,手段与目的相互转化、互相融合得以生成为审美经验。而审美经验是人类任何实践活动中所内蕴的,并非是艺术家、艺术活动的专利。那么,课程历程中,也必然需要手段与目的的内在联合与统一。从课程目标的厘定、课程内容的开发、课程实施方案的确立再到师生互动与课程评价,或是课堂教学中学生的知识学习、问题解决、人际交往等各个环节,实际上都存在手段与目的。如果手段与目的是连续性、完整性以及互为融合并构成一个整体的,学生所获得经验本身便不再是偏执的理性层面,学生便能体验到审美的意义。手段与目的的动态变换中,学生获得自我的知识成就,便能体验到知识学习的审美价值。

(四)完满自足的感受

完满自足的感受与目的与手段的融合、情感的投入与表现密切相关。但更多关注到经验的完整性。完整经验伴随着人的完满自足的感受。正如杜威指出:任何实际活动,假如它们是完整的,并且是在自身冲动驱动下得到实现的话,都将具有审美性质。[③]也就是说,完整、完满是审美经验必须具备的重要特质,是

① 约翰·杜威.艺术即经验[M].高建平,译.北京:商务印书馆,2010:17-18.
② 周淑卿.学习历程中美感经验的性质——艺术与科学课堂的探究[J].课程与教学季刊,2010(14):19-40.
③ 约翰·杜威.艺术即经验[M].高建平,译.北京:商务印书馆,2010:45.

审美经验内在的一体连接，杜威认为：人在圆满解决一个问题或一件事后，自然获得自足与完满的感受，美感经验的过程与结果不能截然分开，而是一个连续统整的结果。但它更多地指向了另外一个角度，即它是融合了创作与欣赏、理智与情感活动在内的一个整体经验。如他举例：在生活中，即使只是解决一个问题、玩一场游戏、下一盘西洋棋、写一本书或是参加政治性的竞选活动，当我们真诚专注地参与其中，就能带给我们鲜明的印象以及结束后淋漓尽致的完满感受，那么也就能称之为一个完整的经验。[①]显然，在杜威看来，审美经验区别于其他经验的地方在于，“使一个经验成为审美经验的独特之处在于，将抵制与紧张，将本身是倾向于分离的刺激，转化为一个朝向包容一切而又臻于完善的结局的运动。”[②]在这个意义上，审美经验即指成功解决问题的完满经验。也就是说，“在经历美感经验的过程中，学习者完成身心建构的活动获得成就感和满足感，感受到一种发自心灵深处的战栗、欢快、满足、超然的情绪体验。由此获得的人性解放以及心灵自由会照亮他们的一生。完满自足体验，来源于自我同一性、自然流露，或者自我的最完满的获得”[③]。

四、课程作为审美经验的原理

美学的体系下对审美经验的理解，一直面临着二元论的桎梏：一是将审美经验视为审美对象所固有的属性、特征等，诸如：比例、和谐、对称、秩序以及典型等，陷入自然主义美学。一是将其视为主观的审美意识、心理反应，诸如：愿欲、愉悦、兴奋、满足或陶醉等情感，从而陷入心理主义美学。[④]

在教育领域内，对课程美学本质的理解虽然整体来讲还处于沉寂阶段，一些

① 约翰·杜威.艺术即经验[M].高建平，译.北京：商务印书馆，2010:41.

② 约翰·杜威.艺术即经验[M].高建平，译.北京：商务印书馆，2010:65.

③ 刘冬岩.美感经验：诗意教学的栖居地[J].内蒙古师范大学学报（教育科学版），2008(9):92.

④ 美感经验的二元论理解与界定源自于对“美”本质的二元论理解，从物的客观属性和特征方面来界定美与美感经验，例如：毕达哥拉斯所提出的“和谐”论、英国美学家爱德蒙·博克（Edmund Burke）提出的“物体的性质”等。从主观心理方面界定美的本质，如柏拉图提出“美是理念”、黑格尔提出“美是理念的感性显现”等。具体请参阅：叶朗.美学原理[M].北京：北京大学出版社，2009:32-33.

零散的论述较多散落在教育美学、教学美学等领域的著作中,但其论述的美学基础也同样深受二元论的牵掣。

一方面,将课程之美理解为知识形式、内容、结论所具有的美感。例如:数学美(数字寓意美、数学公式美、几何图形美、数学结构美、数学方法美)、物理美(物理创造美、物理内容美、物理实验美)、化学美(化学家的人格美、化学内容美、化学形式美、化学实验美)等。①还有的学者从文字之美(字体之美、书法之美、文具之雅、习字的乐趣)、经学之美(易经、书经、诗经、礼记、左传、孝经与论语)、文学之美等方面论述教育的相关美感价值。②无疑,所阐释这些的课程与教学的美,依旧是从文字、知识等角度来理解的,仅将美学作为外在的概念工具,而且深受二元论的影响,从审美对象所固有的属性、特征等客观的层面理解课程审美经验的美学本质。依此美学逻辑,主张美是客观存在的,审美、美感是对客体美的认识、反映。③那么,课程所具备的美感经验仅是客观的文字、符号甚至形式、抽象意义的审美,课程之美便成了模仿、享受,而不是个体在审美经验中的主动性、创造性与表现性等。显然,一旦这一美学精神具有合法性,其内在的教育症结必然强化了传递、讲授知识的合法性。

另一方面,将课程之美归结为主观的愉悦、兴趣等情感。为了实现这一角度所理解的课程之美,课堂教学实践侧重于导课艺术、结课艺术、教学语言的艺术、板书艺术、提问艺术、应变艺术,④还有学者强调教学简洁之美、教学和谐之美、教学愉悦之美以及教学点化效应、教学回味效应、教学表达艺术、教师言语美、教师仪态美等。⑤这一维度将课程之美视为纯粹情感的心理感受,这一美的维度成了纯主观的感受,教育美学、教学美学等理论研究都旨在如何实现、生成这种美的感受,进而都在教学的输出层面进行艺术设计与美学研究。然而,这一维度下的

① 何齐宗.教育美学[M].重庆:重庆出版社,1995:111-135.
② 贾馥茗.教育美学[M].台北:五南图书出版公司,2009:166-173.
③ 朱立元.美学大辞典(修订本)[M].上海:上海辞书出版社,2010:15-16.
④ 李如密.教学艺术论(第二版)[M].北京:人民教育出版社,2011:180-441.
⑤ 张相轮,钱振勤.教学美学[M].南京:江苏教育出版社,1998:105-331.

教育美学、教学美学研究难免陷入表面化,将审美经验视为纯感性因素,或称之为非理性因素,却忽视了审美经验中的理性因素的意义以及非理性因素与理性因素之间的相互作用。而这难免会陷入工具理性、技术理性的深渊,将课程美学视为手段、工具,旨在提高知识高效传递、知识接受学习的效率等,进而忽视了通过审美获得审美经验获得解放的美学内在价值。这一维度下的课程之美成了另一种阻碍甚至压迫学生获得个性自由、解放的"意识形态"。[①]

毫无疑问,上述两类视角在理解课程之美的属性上做出了探索性的研究,但由于二元论的桎梏,并未深刻理解审美经验、课程之美的内在本质。其实,审美经验既是事物美的结构和实践结构内化的产物,又是主体内省、概括的结果。[②]正如按照中国传统美学的理解:美即意象,审美活动发生在情景交融的意境世界,而非一个形式、抽象、符号的世界。这一意象之说,一方面否定了实体化、外在于人的"美",另一方面否定了实体化、纯粹主观的"美"。[③]

显然,在上述二元论的桎梏下,追问何为审美经验的问题便成了探究何者在审美经验中具有美学优先性的问题,进而引发两者间的割裂。这一系列二元论范畴,成了传统美学方法论最为持久深广的潜在假设。现代美学理论在根本上改变了主客二分的思维方式,而努力从主、客相互关系中理解审美经验的结构与特征。强调审美经验是在审美活动中伴随着审美对象与主体同时生成的,这一经验是审美主客体之间的一种活生生的动态、互动关系。因此,审美经验既不能完全归结为主体的审美意识,又不能归结为客体对象所固有的审美属性,而是由审美活动中主体、客体共同生成、建构出来。简言之,"美感经验的接收器为眼、耳、鼻、舌、触觉等器官,经由知觉的过滤网屏,个体与审美对象产生交互往返的认知与情感层面的交互,并经由诠释理解后进行的审美判断或行动"[④]。然而,

---

① "意识形态"是德国哲学家哈贝马斯在描述:随着科学知识与技术的累积与增长,人本质的异化与遭受奴役程度的加强,科学知识、技术知识扮演了具有工具性、奴役性的意识形态社会功能。因此,他提出科学、技术扮演着一种"意识形态"的功能与作用。参阅:(德)尤尔根·哈贝马斯.作为"意识形态"的技术与科学[M].李黎,郭官义,译.上海:学林出版社,1999:4.

② 朱立元.美学大辞典(修订本)[M].上海:上海辞书出版社,2010:76.

③ 叶朗.美学原理[M].北京:北京大学出版社,2009:54-55.

④ 洪咏善.教学的美感经验如何可能?[J].中等教育,2010,61(4):130-141.

"心理的经验只是审美经验的一个方面。在作为心理的经验的同时,审美经验还作为身体的经验,它是身心一体的活动。此外,审美经验还是存在的经验,它聚集了人与世界丰富而深刻的关系"①。二元论美学下所理解的审美经验在主观与客观间徘徊与摇摆,摇摆的背后实际上是将审美经验局限在单独的审美境遇中发生,其背后是将经验与审美经验二元分裂,日常经验与审美经验是异质性概念,且审美经验高于日常生活经验。其实,在杜威看来,"审美经验并非遥不可及,它可以成为任何合适地建构起来的正常经验的一个功能,它是每一个完整经验的清晰而强烈的发展。这一点尤为重要,它暗示了任何人类活动都可以具有审美性和艺术性,甚至都可以成为'审美经验'"②。显然,杜威的美学愿景将审美经验从对于审美对象是客观还是主观的争论中解放出来,从传统的美学中解放出来,这就是说,审美经验的可能性不仅限于具有明晰的审美领域,而且还存在于人的生活、存在、实践的万事万物之中。

随着后现代美学思潮的袭来,作为拥有特权的传统艺术品的"博物馆"已经坍塌,居于特权地位的精英艺术、纯艺术与生活艺术的界限、对立更是土崩瓦解,博物馆中的"大艺术"(Art)正逐渐走向生活中的"小艺术"(art),坍塌的是"作为艺术"的艺术,而永生的是"回到生活"的艺术。③这期间,有后现代美学家断言:艺术的消亡和真实世界的审美化将成为不可改变的历史进程的两个方面。④

基于此,课程作为审美经验并非是居于博物馆之中而疏离师生生活、经验的艺术典范,也并非是独立于教师、学生所构成的一个独立、自足的艺术产品,而是一种师生基于自身艺术想象与审美创造的,从而体现出一种生活美学、行动美学等的艺术本质观。"因此,日常生活世界本身就体现了某种艺术化和审美化的倾向,在这种景观社会中,人们可以在这种'艺术化'和'审美化'的世界中得到艺术经验和审美满足,因而,传统的艺术审美自律性和高级现代主义的孤傲的形式领

① 彭富春.哲学美学导论[M].北京:人民出版社,2005:177.
② 李媛媛.杜威美学思想论纲[M].北京:中国社会科学出版社,2010:56.
③ 徐岱.什么是好艺术——后现代美学基本问题[M].杭州:浙江工商大学出版社,2008:3-6.
④ 王治河.后现代哲学思潮研究(增补本)[M].北京:北京大学出版社,2006:272.

域会受到威胁,甚至是致命的打击。"[①]那么,课程作为审美经验的美学精神体现了课程即生活、艺术即生活、审美经验即生活的美学理念,更新了传统美学理论对审美经验与艺术品之间关系的理解,如杜威所言:"艺术品常被等同于存在人的经验之外的建筑、书籍、绘画或雕塑。"[②]显然,传统美学赋予了博物馆中的艺术作品崇高的地位,成为一个远离现实的独立领域,从而造成了艺术与人的日常生活、审美经验与日常经验的脱离。对此,杜威指出:"当艺术作品与其产生时的条件和在经验中的运作分离开来时,其自身的周围就筑起了一面墙,从而这些由审美理论所处理的一般意义变得几乎不可理解了。艺术被送到了一个单独的王国之中,与所有其他形式的人的努力、经历和成就的材料与目的切断了联系。"[③]这种孤立、封闭以及物化的美学及艺术作品,即实体思维的艺术作品观,体现了传统美学的"知识论路向",这一美学路向"从一开始就假定了拥有审美感知力的审美主体的既成性,并同时假定供给审美感知以相应对象的、作为客体而存在的美,然后在这两者的关系中讨论美的本质"[④]。无疑,传统美学的各种理论对这对关系有不同的解释,但这种对美和艺术作品的思考却成了诸多理论的出发点。显然,"画好的画并不是严格意义上的艺术作品……艺术品的生产必然以某种方式与审美活动相关联,即与想象性经验的创造相关联,这种想象性经验的创造就是艺术作品"[⑤]。显然,"如果'课程美学'只是朝向'艺术的生产'和'技术的提升'的追求,可能会再次带来'物化'和'异化'的危机。易言之,如果仅是'艺术品的再现'或是由'单一个人的美学理念'着手,而没有考虑不同成员间美感经验的差异及彼此交流,这种课程美学之研究是贫瘠的、狭隘的,也是有限的"[⑥]。进而,我们可以概括出:"所谓课程美学,似乎便可以想象成是一种促进'经验重构'的历程;学习者本身的经验重构如同艺术的创作过程,而课程就是促发这个过程的触

---

① 李建盛.后现代转向中的美学[M].南昌:江西教育出版社,2004:42.

② John Dewey. Art as Experience[M].New York: The Berkley Publishing Group,1934:3.

③ John Dewey. Art as Experience[M].New York: The Berkley Publishing Group,1934:3.

④ 王德峰.艺术哲学[M].上海:复旦大学出版社,2005:20.

⑤ 罗宾·科林伍德.艺术原理[M].王至元,陈华中,译.台北:五洲出版社,1987:313.

⑥ 黄彦文."共鸣的课程美感经验"之研究[D].台北教育大学,2014:16-17.

发与安排。”[①]

因此，根据课程的独特性，本研究将审美视为并非艺术、审美场域所具备的特征，而是所有连贯、完满性行动与事件皆有的特征，任何经验，只要它的手段与目的获得了连续、完整、圆满的实现，就是审美经验。因此，本研究将问题解决后，完满自足的经验视为课程作为审美经验的美学原理。

① 陈伯璋．课程美学[M]．台北：五南图书出版公司，2011:37.

第三章　课程作为审美经验的依据

将课程理解为审美经验不仅有助于揭露课程被遮蔽的审美维度，更有利于理解课程的审美旨趣、艺术创造的美学本质。深入理解课程作为审美经验确立的依据，有必要从合理性、必要性与可能性的角度探讨。那么，提出课程作为审美经验是否具备课程理论与课程实践的合理性？必要性如何？是否具备现实可能性等，对这一系列问题的回答是本章拟探讨的关键问题。

一、课程作为审美经验的合理性

课程作为审美经验是美学方法论在课程领域中的具体化体现，或者说是内化了美学方法论的课程观。然而，提出课程作为审美经验的依据并不全然是基于美学视野的外在理由，而是体现了对课程本质探寻的时代课程发展趋势与课程实践关怀。

（一）从"知识"到"经验"：课程理解现代趋向的理论依据

课程本质是课程理论中的最为根本性问题。然而，要给"课程"下一个精确的定义却是一件非常困难的事情。在围绕课程本质的讨论中，将课程的本质理解为学问知识、学科知识是使用最为普遍，也是最常识化的定义。[①]我们尝试着将这种观点概括为：课程即知识。我国权威的《教育大辞典》《中国大百科全书》（教育卷）以及许多教育专著和教育学教材中，普遍将课程理解为学问知识或学

① 张华．课程与教学论[M]．上海：上海教育出版社，2000:67.

科知识。例如:《教育大辞典》将课程定位为:"(1)为实现学校教育目标而选择的教育内容的总和。(2)泛指课业的进程。(3)学科的同义词,如语文课程、数学课程等。"①《中国大百科全书》(教育卷)将课程定义为广义和狭义两种:"广义指所有学科(教育科目)的总和。狭义指一门学科。"②

针对这种课程本质的理解,可以归纳出三层含义:其一,课程是人类优秀知识成果的表征,是旨在为年轻一代未来生活做准备的间接经验;其二,课程表现为一系列学科,依照学生的认识水平加以编排,学科的划分依据和知识结构与所对应的科学分支领域相应一致;其三,课程作为教学认识的客体,学习课程就是掌握知识。

试图更深入地理解与批判这种课程即知识的课程本质观,必须从源头来审视这一课程观的历史源流。这一课程本质观在西方源自古希腊罗马的"七艺",在中国源自孔子的"六艺"。

在当代主要以美国教育学者罗伯特·赫钦斯(Robert Hutchins)为代表的学者,强调"永恒学科"(permanent studies)作为课程设计与开发核心的永恒主义课程(perennialist curriculum),这些科目包括:语法规则、阅读、修辞、逻辑和数学。以威廉·巴格莱(William Bagley)为代表的学者,强调"共同要素"作为课程设计与开发的要素主义课程(essentialist curriculum),这些要素包括:本国语、语法、文学、写作、数学、科学和历史等。

以杰罗姆·布鲁纳(Jerome Bruner)和约瑟夫·施瓦布 (Joseph Schwab)等为代表的学者,强调"学科结构"作为课程核心的学科结构课程(subject structure curriculum)。总体而言,以课程即知识的课程本质观为理解的课程实践的主要特点在于:就课程选择方面,由于学科知识是人类活动的精华,具有永恒性,因此学科知识比社会需求和学生需求更为重要。就课程组织方面,以学科知识为中心,

---

① 顾明远.教育大辞典(第1卷)[M].上海:上海教育出版社,1990:257.

② 中国大百科全书总编辑委员会《教育》编辑委员会,中国大百科全书出版社编辑部.中国大百科全书:教育卷[M].北京:中国大百科全书出版社,1985:207.

重视学科知识的逻辑与结构,形式为“学科课程”。就课程实施方面,以教科书为中心,讲授、回答与大组讨论作为主要教学方式,教师仅为学科知识的被动传授者、使用者与执行者。就课程评价方面,评价主要包括课程内容及课程材料,要求课程内容材料应该反映学科知识本质,以协助学生获得学科知识,逐步迈向学术社区,成为学术社区的一分子。[①]

这种以知识为中心的课程设计与开发取向作为最广泛的课程价值取向,由瑞典托斯顿·胡森(Torsten Husen)和德国纳维尔·波斯特尔斯威特(T. Neville Postlethwaite)在其主编的《简明国际教育百科全书·课程》中详细概括了主要缺陷:

1. 它把要教授给学生的知识分离、肢解了。并且,这些内容对学生不很实用。这导致学生很快就会忘记学过的内容。

2. 它脱离了学生的现实世界。他们在日常生活中遇到的问题、事件以及他们关心的问题在课程中没有得到充分体现。

3. 它对学生的能力、需要、兴趣及过去的经验未予足够的注意。这又可能导致学生与内容之间缺乏适应性,从而削弱他们的学习动机。

4. 这种设计对学生来说是一种低效率的安排方式,与他们在一个更为自然的环境中的学习方式是矛盾的。

5. 它鼓励被动的和有些肤浅的学习方式,掌握内容的广度比对内容理解的深度更为重要。它可能只包括一系列范围狭窄的目标而忽视更为高级的认知技能。

6. 随着人类知识的积累,必然产生新的学科。这些新学科增加到课程中去,导致了已经内容繁多的学科体系中学科的激增。但是,人们又期望社会和学生所面临的问题应在课程中有所反映,至少在某种程度上应该如此。[②]

在我国课程实践中,“双基论”是对课程即“知识”本质观最为恰当的实践表

① 黄光雄,蔡清田.课程设计——理论与实际[M].南京:南京师范大学出版社,2005:35-36.

② 江山野.简明国际教育百科全书·课程[M].北京:教育科学出版社,1991:6.

达。"'双基论'把中小学的学科看成是科学的浓缩。科学是关于自然、社会和思维的知识体系,它是一个系统。学科既是科学的浓缩,也应是一个系统。这样,科学和学科可以比作两个重叠的大小金字塔,而作为中小学教学内容的'双基'只是小金字塔的塔底。"①对"双基论"代表性的诠释如图3-1所示:

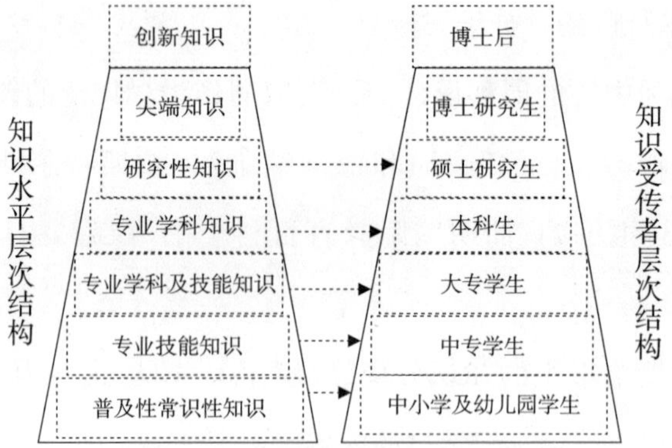

图3-1　知识水平层次结构与知识受传者层次结构②

图3-1清晰描绘出整个人类知识所构成的阶段明晰、层次分明的金字塔形知识建筑体系,不同知识水平、层次则代表着不同知识受传者的阶段与水平。金字塔知识体系的底部是最一般、最基础、最为确定的客观知识,对应的是基础教育阶段,顶部代表着充满原创、探究旨趣的创新知识,对应的是高等教育阶段。

显然,这一知识金字塔形的隐喻内在假设在于:"课程与教学也围绕知识而形成了一个层层控制的、价值等级的'金字塔':发现或发明知识的专家高居'金字塔'的顶端,最有权威;广大中小学生因其经验、知识的贫乏,而不得不被压在'金字塔'的底部;教师处在'金字塔'的中间,他们在专家面前只能服从,在学生面前又是权威,其人格是双重的。"③整体而言,这是一种课程即"知识"的实践隐喻,"知识一经专家发现或发明出来之后就是确定的、价值中立的。至于知识将

① 汪潮,吴奋奋."双基论"的回顾与反思[J].课程·教材·教法,1996(12):5-10.

② 王永红.论教科书知识的客观性[J].课程·教材·教法,2012(7):8-13.以及倪延年.知识传播学[M].南京:南京师范大学出版社,1999:201.同时,就这个知识水平层次与知识受传者层次结构对应示意图有学者以医学知识为例,分别从幼儿园层次、小学、中学或中专再到高等教育阶段包括大专、本科、硕士研究生和博士研究生等不同层次学生所接受传播的医学知识信息内容的差异。具体解释可参阅:倪延年.知识传播学[M].南京:南京师范大学出版社,1999:198-201.

③ 张华.试论教学认识的本质[J].全球教育展望,2005(6).

来的变化、发展也主要是专家的事。教师的经验充其量是学生接受知识、发展能力的媒介物，本身不具有独立价值。这样，学科专家（知识的创造者）就是唯一合法的课程开发者，教师的基本职责是把专家开发的课程忠实地传授好，对课程本身没有发言权。这就必然造就传递型、工匠型教师，因为基于僵化的知识观的课程与教学本质上是排斥教师的”①。这种课程知识的内在理解基于学科逻辑、成人立场以及知识本位的课程知识观，关注到了知识的绝对结构化、硬性层级化以及体系的等级性，却完全忽视了知识生产、创造过程中儿童与教师的知识权力与知识创造、生活与情境的课程知识价值与意义等视角。②

在我国课程与教学理论场域中，对将“知识”视为课程本质的理解或观点的青睐其实并不陌生。北京师范大学王策三教授是持这类观点具有较强的代表性的学者。正如他指出：“课程的本质是教学认识的客体——人类认识的成果——知识。……知识好比一个百宝箱，里面藏了大量珍宝：不仅内含有关于客观事物的特性和规律，而且内含有人类主观能力、思想、情感、价值观等精神力量、品质和态度。”“教学工作就是将人类历史经验的精华即科学知识转化为学生头脑里的精神财富。”“教学的主要工作就是将知识打开，内化，外化。”③进而，“注重知识传授是中小学校教育教学的本质”④，由此可得，“系统讲授……是教学的最具有决定意义的东西”⑤。“课程的本质是知识。”“一切学习都（即）是接受学习”，学生的学习更是如此。”⑥同时还有学者指出：“不能忽视人类社会已有的知识和文化的客观存在，不能在‘知识不是游离于主体之外的纯粹客观的东西’这样一个抽象口号下，去否定、抛却相对于个体主体来说是客观存在的社会知识和科学知

① 张华.试论教学认识的本质[J].全球教育展望，2005(6).

② 具体请参考：张良.论课程生活中的知识理解——基于隐喻的视角[J].西北师大学报（社会科学版），2016(5):55-62.

③ 王策三.认真对待“轻视知识”的教育思潮——再评由“应试教育”向素质教育转轨提法的讨论[J].北京大学教育评论，2004(7):5-23.

④ 王策三.“新课程理念”“概念重建运动”与学习凯洛夫教育学[J].课程·教材·教法，2008(7):3-21.

⑤ 王策三.教学论稿[M].北京：人民教育出版社，1985:129.

⑥ 王策三.认真对待“轻视知识”的教育思潮——再评由“应试教育”向素质教育转轨提法的讨论[J].北京大学教育评论，2004(7):5-23..

识。"[①]从而进一步指出:"学校以传授间接经验为主,这是学校自产生之日起就具有的自身规定性。"[②]"客观性是教科书知识能成为教学依据的保证。正因为教科书知识具有客观性,所以,在教学过程中,师生的教学活动就可以围绕教科书知识来组织和实施,掌握和接受教科书知识就成为教学的主要任务。"[③]显然,这种将教学过程比喻为打开客观知识"百宝箱"的过程,这种对知识即客观性的百宝箱的课程知识隐喻理解,使课堂教学成了打开百宝箱里面的"知识"进行传递与讲授的工具,而这构成了学校以及教育的主要任务与内在规定性。

进入20世纪以来,随着课程研究日渐自觉和成熟,对于课程本质问题的探究与理解反倒愈发复杂。这一点,我们可以从纷呈复杂的课程定义中可见一斑。但透过具体的课程定义,我们还是能够发现课程本质理解的总体趋向,即由"课程即知识"转向"课程作为经验"。从知识到经验,对课程本质的理解,不仅表明了人们对课程本质的立场转变,也反映了课程理论从传统走向现代的质性飞跃。

根据不同时期对"经验"解读内涵的变化,又可以分成两派观点:一派,从20世纪初到20世纪70年代,以约翰·杜威、拉尔夫·泰勒(Ralph Tyler)等为代表;另一派,从20世纪70年代至今,以威廉姆·派纳、玛德琳·格鲁梅特(Madeleine Grumet)、马克斯·范梅南(Max Van Manen)等为代表。[④]

杜威将夸美纽斯、赫尔巴特为代表的知识为本质的传统教育的特征概括为:"把过去已经拟订好的知识和技能的体系作为教材,因而,学校的主要任务是把这些知识和技能的体系传授给新的一代。"[⑤]这种危险主要体现在学校课程用符号表现了专门知识,"书面的形式往往选择和记录比较起来和日常生活不相干的事物"[⑥],学生难以直接地或间接地参与到课程知识之中,生活世界、社会生活等也难以走进学校课程之内,进而导致正规教育的课堂教学变得冷漠和死板,甚

① 孙振东.学校知识的性质与基础教育改革的方向[J].教育学报,2006(4):11-24.
② 孙振东.关于基础教育改革几个观念问题的讨论[J].教育学报,2005(2):37-44.
③ 王永红.论教科书知识的客观性[J].课程·教材·教法,2012(7):8-13.
④ 刘万海.从知识到经验:课程本质的现代解读[J].全球教育展望,2004(12):20-24.
⑤ 约翰·杜威.经验与教育[M]吕达,刘立德等.杜威教育文集(第5卷).北京:人民教育出版社,2005:312.
⑥ 约翰·杜威.民主主义与教育[M].王承绪,译.北京:人民教育出版社,2005:25.

至，用杜威的贬义词来表达，变得抽象(abstract)和书生气(bookish)。[①]杜威所寻求的变革课程路径在于基于重建"经验"的视野进而寻求课程与教学的概念重建，课程俨然成了"在经验中、由于经验和为着经验的一种发展过程"[②]。课程就是经验的持续改造与生长，"进入儿童的现在经验里的事实和真理，和包含在各门科目的事实和真理，是一个现实的起点和终点。……照这样的理解，教材不是有待于完成的遥远的和渺茫的结果，而是对付现在的一种指导方法"[③]。由此，各门学科课程的教材与知识"必须恢复到它所被抽象出来的原来的经验"[④]。显然，"心理学化"的教材即儿童的教材，逻辑体系的客观知识变成了儿童直接的个人经验，进而溶解了以学科知识为中心的逻辑层面、客观结果维度与其所诞生的方法、过程或解决问题的生活经验层面以及所表征的世界维度的相互对立与二元割裂，儿童在这样的"教材心理学化"的经验情境中获得学科知识，成为了解决经验情境中的生活问题的副产品与附属物。

杜威沿着经验主义路线消解了经验主义与理性主义之间的二元对立。其最大的贡献在于揭示了经验的主动性、理智性以及整体性。为此，"经验不仅仅是一种认识，或者首先不是一种认识，它表征着人与环境交互作用过程中所发生的一切，它是人对环境的占有、欣赏、体验、审美、崇拜、喜悦、感伤、探究、认识的整合"[⑤]。显然，杜威的经验概念已经开始包含像欣赏、体验、审美等审美经验因素。拉尔夫·泰勒深受杜威关于课程与经验相关观点的影响，泰勒指出："'学习经验'这个术语，不等同于一门学程所涉及的内容，也不等同于教师所从事的活动。'学习经验'是指学习者与他对做出反应的环境中的外部条件之间的相互作用。学习是通过学生的主动行为而发生的；学生的学习取决于他自己做了些什么，而不是教师做了些什么。"[⑥]既然，经验是学习者与其环境在主动的相互作用过程中所

① John Dewey. Democracy and Education:An Introduction to the Philosophy of Education[M].New York: The free press, 1916:8.
② 约翰·杜威．经验与教育[M]吕达，刘立德等．杜威教育文集(第5卷)．北京：人民教育出版社，2005:319.
③ 约翰·杜威．儿童与课程[M]吕达，刘立德等．杜威教育文集(第1卷)．北京：人民教育出版社，2009:115.
④ 约翰·杜威．儿童与课程[M]吕达，刘立德等．杜威教育文集(第1卷)．北京：人民教育出版社，2009:120.
⑤ 张华．经验课程论[M]．上海：上海教育出版社，2001:234.
⑥ 拉尔夫·泰勒．课程与教学的基本原理[M]．施良方，译．北京：人民教育出版社，1994:49.

产生的,那么课程如何基于这一判断进行开发与设计呢?泰勒正是基于课程的本质是经验的起点,创生出现代课程领域最有影响力的理论框架——确定教育目标、选择学习经验、组织学习经验,评价教学效果——这四个基本结构。

进入20世纪70年代以后,西方课程研究范式逐渐从以实证主义研究方法论作为基础,追求效率与控制的课程开发工艺学模式转向为借鉴质性研究方法论,寻求从不同理论视域对课程符号进行理解的"课程理解范式",形成了丰富多元的复杂话语。其中玛克欣·格林(Maxine Greene)、派纳、格鲁梅特等人侧重将课程视为个体的自我体验,并追求个体在课程中的解放与自我意识的提升。派纳对课程理论的最大贡献在于明确提出了"存在经验课程"(currere)对传统课程本质的概念重建。传统课程观中"课程"——"curriculum"一词,其含义是在"跑道"(race-course)这个原始含义基础上发展起来。课程的落脚点在"道"上,课程就成了为学生身心发展所环绕的"跑道",即"预先设定的、由学生记诵的教学内容或教材"[①]。对于传统课程观的症结,派纳的选择是从"curriculum"的词源学探寻课程本质的重建。他指出"curriculum"一词根源于拉丁语,其拉丁语词根是"currere"。"currere"强调围绕"跑"的动态过程、"跑的经历"以及"跑的经验"。在派纳所领衔的这场课程概念重建运动中,"课程"由现有的名词性"跑道式课程"重建到动词性的"存在经验课程",这期间"重建"并非意味另起炉灶,而是恢复其本义而已。由此,课程的本义即存在经验。进而,课程成了旨在提供知觉、情感和思考的生命经验,而不是一种模仿或机械性的活动。也就是说,课程必须是透过自身生命体验与自觉的生命历程,此经验的学习不是被预先设计好的,而是个人在周遭世界中所感、所思的具体行动。[②]概言之,"'存在经验课程'的目的正是通过个体'生活经验'的解释而提升人的内在生活,最终将'人的真谛'——主体性解放出来的"[③]。由此,"在这种课程氛围中,一个人首先实实在在地感觉到了自我

① 张华,石伟平,马庆发.课程流派研究[M].济南:山东教育出版社,2000:276.
② 冯加渔.自传课程研究[D].华东师范大学,2015:63.
③ 张华.经验课程论[M].上海:上海教育出版社,2000:133.

的存在价值,感觉到了自我理智的力量、情感的满足、意志的独立与自由”[①]。

综上所述,从“知识”到“经验”体现了课程理解的当代趋向,这一课程观的变迁过程体现了对情感、审美因素的关注。概括地讲,这一现代趋向主要体现了:

其一,课程从静态的知识到动态的人与环境的交互作用的概念变化,进而解放并释放了人在课程面前的主动性、能动性、创造性。强调课程的动词形式的奔跑状态,意味着每个人可以结合自身经验来建构知识、探究世界与理解自我。每个人的经验本身都有独特性,课程从而成了连接了个体与公共知识之间的“第三空间”。但需要指出,将课程理解为“经验”并未表达出对知识的蔑视、否定乃至抛弃。其实是用隐喻的方式重构了知识观,用“经验”的方式来表达对知识本质的重建。进而,知识并非独立于个体而存在,而是个体与环境交互过程所创生出的经验。知识在基于“经验”所理解的课程话语中,角色发生了转变,成为人们交互生活环境的工具,成了寻找自我理解的中介与手段。正如杜威所指出:“从未有一句话是轻视科学;所批评的是一种心智的哲学,人们曾经根据这样的哲学从一些错误的理由上去珍视知识。知识是工具性的(instrumental)。但是我们讨论的主旨却在于颂扬用具(tools)、工具(instrumentalities)、手段(means),使他们和结果与后果具有同等的价值,因为没有工具和手段,结果与后果就是偶然性、杂乱和不稳定的。因为所知的对象乃是知识的对象,所以把它称为是一种手段,不是轻视这些对象而是欣赏它们。”[②]

其二,这场课程本质观的重建,从理性人的承诺过渡到极其注重人的精神世界的深入探索,尊重人的情感、感受、价值、尊严与意义等非理性因素,充分肯定了个体的存在意义和价值创造。每个人都是具体性、个体性的存在,而并非是脱离生活情境、生活史而完全抽象理性的存在。一定程度上点出了课程经验中的

① 张华.经验课程论[M].上海:上海教育出版社,2000:253.

② “第三空间”这一提法最开始源自两种异质文化相互作用所形成的“混种”。“第三空间”这一概念的意义并非在于指出这两种不同源头文化究竟是什么,而是强调去关注两种文化的交互作用所创造出来一种新的空间——“混种”形态的出现。那么,从“第三空间”的角度理解课程,课程不是现代主义者所说的是被给予的,或一种诠释或共同建构,而是一种生成的过程。引自:欧用生.课程研究新视野[M].台北:师大书苑,2010:105-115.

审美性要素，从杜威所谈交互作用之中所生成的欣赏、体验、审美、崇拜、喜悦、感伤、探究、认识的整合，到派纳所提出来的透出生活经验、存在体验获得的理智的力量、情感的满足、意志的独立与自由。在深层次结构课程即“知识”的传统课程观基础上，两者不谋而合，都不约而同地关注到了经验中理智（真）、意志（善）以及情感（美）的维度。因此，从“知识”到“经验”这场课程本质现代重建的进程中，可以看到课程本质观开始关注到课程中的审美之维。这也成了本研究中提出课程即审美经验的理论依据。

（二）从“经验”到“审美经验”：课程理解美学向度的现实依据

从“知识”到“经验”对课程本质理解的现代变革，意味着课程难以忽视学生的经验与生活体验。其深刻的理由在于反映出时代的呼声，即对人的主体性、能动性的关注，突出了课程的理智、伦理与审美维度，从而借由课程观的重建，找寻在现代教育中曾失落的人。在我国，随着第八次新课程改革的推进，将课程理解为经验的观念得以在教育实践中形成和确立。“课程不仅仅是现成的教科书，而是教师为学生提供的学习机会，是师生在互动过程中产生的经验。换言之，课程不仅仅包括了知识，而且包括了学习者占有和获取知识的主体活动过程。……视课程为经验，从本质意义上说，就是强调自然、社会和人在课程体系中的有机统一。”[①]然而，课程实践的境遇还强烈地呼唤着课程作为经验的审美维度的自觉。

1.客观主义知识观的僭越与审美经验乃否定性因素

我国课程实践的基本写照便是：教师采取极为相似的方法向学生传递、讲授教科书知识，再加之围绕教科书知识所形成的外部考试、考评、管理体制的强大桎梏与枷锁，这几乎成了每一位教师与学生所必须相遇与经历的知识生活与课程宿命。甚至毫不客气地说，这是教育的厄运，是知识的梦魇，也是压抑教师与

---

① 靳玉乐．新课程改革的理念与创新[M]．北京：人民教育出版社，2003:71-72.

学生知识创造、知识生成的罪魁祸首。[①]

自2001年基础教育新课程改革以来，“知识与技能、过程与方法、情感态度与价值观”的三维课程目标体系与“自主、合作、探究”的教学方式等诸多新课程理念已被广泛认同并实施，我国基础教育场域内课程与教学实践也已然发生了静悄悄的改变。然而，随着新课程改革的不断深入，课堂实践领域中涌现出了诸多新的教学模式，例如：山东省杜郎口中学的“先学后教”和“10+35”模式、江苏省洋思中学的“导学案”模式等最广为基础教育理论与实践界称赞。[②]有研究指出：杜郎口中学的“先学后教”“10+35”模式的内在旨趣则在于“立体式”“大容量”“快节奏”为教学设计的知识逻辑，旨在追求唯知识取向的“课堂效率高”“效果好”“达标率高”。[③]洋思中学的“先学后教”“学案导学”“当堂训练”所奉行的具体课程实施路径便是“四清”——即根据教科书知识的堂堂清、日日清、周周清以及月月清以谋求知识点及时有效地操练、应试与达标——显然，所谓“四清”集中体现了将教科书知识视为确定性真理的过度迷恋。[④]这一系列教学模式，“尽管它们都谙熟素质教育和新课程改革的理念与思路，但其基本教育方法却是知识背诵和技能操练。它们甚至提出了一些似乎符合素质教育理念的教学策略，如‘先学后教’、‘学案导学’、‘少教多学’，等等，但其实质却是一套以储存外部知识技能为目的的高强度、大密度、精细化、制度化的训练体系”[⑤]。

显然，这些在新课改实践中颇具代表性的样板校、示范校，同样陷入了深度的课程知识观贫困之中，在极度迷恋课程知识的预设主义、客观主义、固定主义以及绝对主义等知识旨趣的过程中，深陷教学组织形式、教学方法以及教学手段等的静态主义、技术主义、方法主义以及结构主义、程序主义、线性主义、封闭主

① 张良，靳玉乐．论课程知识的内在价值及其实现[J]．教育研究与实践，2016(3):40-43.

② 这些教学模式基于学校自身对新课程理念的理解，将课堂教学转变成为让学生表达自己观点的机会与过程，成了自下而上实施新课程理念的典范或样板校。显然，这些模式表明：新课改以来，我国课堂教学正在努力摆脱传统课堂教学模式的束缚。同时，这些模式的成功也引发了全国诸多中小学对其教学模式的效仿与借鉴，甚至将其描述为基础教育界的“杜郎口旋风”。转引自：李炳亭．杜郎口“旋风”[M]．济南：山东文艺出版社，2006:1-45.

③ 张良．反思我国教学实践变革中的简单性思维——以杜郎口中学为个案[J]．中国教育学刊，2012(9): 36-37.

④ 张良．论“导学案”的现实问题及可能对策[J]．中国教育学刊，2014(1):58.

⑤ 张华．论“第二代”应试教育及其超越[J]．基础教育课程，2011(9):24.

义等,进而确保实现课程知识的客观主义、普遍主义以及科学主义等。

然而,正如尼采(Friedrich Nietzsche)所讽刺的那样:“现代人在自身体内装了一大堆无法消化的、不时撞在一起嘎嘎作响的知识石块。”[①]显然,“等到一个人开始被灌输外加的知识,在吸收知识的过程中,被剥夺自身的参与及体验,那么他的成长、他的创造活动便告停止。他被送入文明轨道,吸收系列的文明知识,他可以被训练成一名熟练的技术操作员,但他没有创造,他的生命力在急速萎缩”[②]。总而言之,凡此种种现实挑战均表明,将课程知识理解为客观真实、确定无疑以及普遍有效的观念与思想观点,课程知识由此成为外在、独立于教师与学生之外的“灌输物”“传递物”以及“压迫物”。

我国课程实践深陷客观主义知识观的困境,其背后则是将审美经验视为零散的、杂乱的和偶然的,有悖于客观主义知识理想的否定性因素,即使难以彻底根除,也应尽量克服、减少。[③]审美经验在知识、科学合法性中甚至难以谋求一席之地,成了人类知识过程中有悖于客观主义知识理想的否定性因素。然而,在艾斯纳(Elliot W.Eisner)看来,这种知识观实际上过于狭隘,仅将逻辑推理、抽象思考视为知识。[④]

其实不然,尊崇理性认知与客观知识,蔑视与艺术、审美等相关因素,其背后则是“哲学二元论把思维和身体、认知和情感、科学与艺术完全分离。多数学校的课程结构使这种二分法具体化,把科学置于认知领域,而把艺术草草划分为属于次要地位的情感领域”[⑤]。

这一知识观仅仅关注到了经过肢解的人的理性一面,即美国哲学家理查德·罗蒂(Richard Rorty)所言,把握普遍性、抽象性的理性、理智,进而成为具有纯粹逻辑思维能力的“镜式”映现者和表征者,而与个人身体、感受相关的其他因素,

---

① 引自:郭晓明.课程知识与个体精神自由:课程知识问题的哲学审思[M].北京:教育科学出版社,2005:31.

② 黄武雄.童年与解放[M].北京:首都师范大学出版社,2009:56.

③ Richard Rorty. Philosophy and Mirror of Nature [M]. Princeton, NJ: Princeton University Press, 1979:36-42.

④ Elliot W. Eisner. Learning and Teaching: The Ways of Knowing[C].Chicago, IL: The University of Chicago Press, 1985:23,

⑤ 阿瑟·D.艾夫兰.艺术与认知[M].智玉琴,译.长沙:湖南美术出版社,2008:117.

诸如:情感、意志、灵感、直觉、想象、猜测、信念、动机,等等,在认识论过程中则意味着零散的、杂乱的和偶然的。

杜威用旁观者认识论(spectator theory of knowledge)来总结这一认识论中的二元论:“认识论是仿照假设中视觉动作(act of vision)的模式而构成的。对象(object)把光线反射到眼上,于是这个对象便被看见了。这使得眼睛和使用光学仪器的人发生了变化,但并不使得被看见的事物发生任何变化。实在的对象(real object)固定不变(fixed),高高在上,好像是任何观光的心灵(beholding mind)都可以瞻仰的帝王一样。结果就不可避免地产生了一种旁观者式的认识论。”[①]杜威将其总结为“最悠久的哲学传统的意见”[②]。同时,这种哲学史上最为悠久的传统意见似乎成了认识论、知识观的原罪,进而诱发出一系列认识论、知识观等危机。“知识的对象是某种形式的最后实有(ultimate being),而这种最后实有是先于(antecedent)、独立于(independent of)反省性探究(reflective requiry)而存在的;并且这种最后实有具有决定形成价值判断(judgments of values)的诸多明确特性,这些特性决定那些控制我们在理智的(intellectual)、社会的(social)、道德的(moral)、宗教的(religious)、美学(esthetic)等一切领域内的行为的目的(ends)和意向(purposees)的形成。进而,哲学就势必以认知此实有及其本质为其唯一的职能了。”[③]

我们借用国内美学学者提出的“真理符合论”是对美与真理、艺术与真理的内在关联的拒绝,[④]来理解我国课程实践中由于客观主义知识观的僭越,审美经验、想象与体验等不仅在知识学习过程中不具备合法性,而且本身也被彻头彻尾地视为否定性因素。正如法国社会学家埃德加·莫兰(Edgar Morin)指出:“想象、灵感、创造,本来没有它们科学的进步就是不可能的,却只能偷偷地进入科学,因

① 约翰·杜威.确定性的寻求——关于知行关系的研究[M].傅统先,译.上海:上海人民出版社,2005:16.

② 约翰·杜威.确定性的寻求——关于知行关系的研究[M].傅统先,译.上海:上海人民出版社,2005:6.

③ John Dewey. The Quest for Certainty——A Study of the Relation of Knowledge and Action[M].New York: Minton, Balch& Company,1929: 69.中译本:(美)约翰·杜威.确定性的寻求——关于知行关系的研究[M].傅统先,译.上海:上海人民出版社,2005:51.

④ 刘悦笛.生活美学——现代性批判与重构审美精神[M].合肥:安徽教育出版社,2004:3.

为它们在逻辑学上是不可定位的,而在认识论上总是受指责的。”[①]

客观主义知识观的霸权与审美因素乃否定性因素,这是知识观、科学知识观的二元论所引发的。如美国课程学者杰恩·弗利纳(M.Jayne Fleener)教授指出,现代主义的基础逻辑在于一种控制逻辑,这种控制逻辑是“一种使从属关系合理化的论证结构。控制逻辑是现代观所固有的,并成为现代观区别于前现代观的标志。控制逻辑表现了现代时期的特点,它是这一特定时期的基本意义结构。控制逻辑以及现代范式的其他方面,如价值等级观念(value-hierarchical thinking)、价值二元论(value dualism),赋予现代主义以‘压迫性概念框架’(oppressive conceptual framework)的特征”[②]。这一压迫性概念框架是一种解释、论证并维持统治与从属关系的概念框架,那么这种将知识价值论进行等级制划分的现代思维与控制逻辑,反映在课程知识体系与结构中便是一种由数学和科学占主导地位的课程结构,这种价值系统认为数学和科学较之人文学科和艺术有更大的价值。进而,这一教育目的是给社会提供工作人员、给社会机制的永恒运行提供保证的观念,反映出这样的观念,即认为技术控制比情感、思维和经验更重要。[③]

此外,“科技理性,技术和社会进步,发现宇宙内部运行方式的智力的力量,这都体现了人类对普遍真理的信赖。科学理论和社会理论是支配现代主义观的普遍真理的表述。现代主义观认为,通过运用客观的、可检验的、可重复再现的探究方法,真理是可以被发现的。因此,通过无私的、价值中立的探究,普遍真理是可揭示的”[④]。无疑,这一现代性的再现、表征的知识观,“通过理性的、无偏见的、客观的、可再现的方法揭示真理,这一观念强调了最值得拥有的知识的价值。艺术知识甚至是宗教知识不再被认为具有极端重要性,因为这些知识的获得没有固定的程序”[⑤]。对此,从经验的角度理解我国课程实践的症结,客观主义知识

① 埃德加·莫兰.复杂性思想导论[M].陈一壮译.上海:华东师范大学出版社,2008:53.
② 引自:杰恩·弗利纳.课程动态学:再造心灵[M].吕联芳,邵华,译.北京:教育科学出版社,2013:14.
③ 杰恩·弗利纳.课程动态学:再造心灵[M].吕联芳,邵华,译.北京:教育科学出版社,2013:37.
④ 杰恩·弗利纳.课程动态学:再造心灵[M].吕联芳,邵华,译.北京:教育科学出版社,2013:24.
⑤ 美杰恩·弗利纳.课程动态学:再造心灵[M].吕联芳,邵华,译.北京:教育科学出版社,2013:14.

观的霸权体现了理性经验居于全然的主导性地位，而审美经验的知识论意义与价值遭致彻头彻尾的蔑视。对此，我们最应该追问的恐怕不是“什么样的经验最有价值”，而是“最缺乏什么维度的教育性经验”。无疑，对于这一问题的回应与反思是我们提出课程作为审美经验的现实依据与实践背景。也就是说，从美学的视角分析、澄清课程作为经验的维度，拓展对经验理解的视野，开拓对课程本质问题理解的视角与思路，这一点无疑成了课程作为审美经验的现实依据。概言之，现实呼唤的背后则是深层次的理论问题，如何通过美学取向的课程理解，旨在系统化探究课程中被隐藏、忽略的美学实质，深度解读课程作为审美经验的内涵、意义。显然，如何拯救深处危机的我国课程实践，重估审美经验的知识论意义与价值，成了美学取向课程本质观即课程成为审美经验所提出、确立的第一层实践观照。

2.技术理性方法论的滥觞与艺术维度乃不确定性因素

我国课堂教学实践深陷技术理性方法论的桎梏，实践中教师存在着对固定性、模式性、程序性以及确定性方法的过度依赖、盲目依赖以及机械依赖。[①]教师研修、培训或校本教研等教师学习的场域中，下列类似的疑问其实并不陌生，也绝非个例。例如:“您能告诉我怎么做吗?”“您讲的这些理论，我全部认同，我们也对此深信不疑，可我还是不知道怎么做?”“要贯彻您的这一教育愿景，我到底该怎么做?”“您能帮我们总结出如何做的模式、步骤或相对应的程序吗?”这种强烈的方法意识、对方法知识的极度热捧，日益演化为教师在面对几乎所有的教育培训项目、参与所有研修讨论时一种“时尚”的口头禅。这种追寻固定化、模式化、程序化以及确定性方法的意识已然成为这种小学教育实践界的一种自发、自然的学校生活图景以及教师心理需求。我们尚且用“方法依赖”(method dependence)来描述、概括这种“时尚”的口头禅与自发、自然的教师生活图景所凝练出的教育现象与教育事实的这一范畴。毫无疑问，这一范畴清晰地表达出教师对

① 有关教师的方法依赖这部分，主要引用了笔者之前的研究论文。请参阅:张良，李宝敏.论教师方法依赖误区及其超越[J].教师教育研究，2014(3):7-13.

脱离任何教学情境、忽视课堂场域以及课程内容差异的“普遍”“普适”方法的信奉与热捧。然而，这种缺乏深度反思与批判的热捧背后，至少可以清晰地解读出其内在的以下几种教育假设:

其一，教师存在忠实于被告知、被告诉各种方法的主观意愿；

其二，存在将各种教育方法、步骤以及模式盲目认定为客观、确定以及标准化的客观事实。

这便可以理解为何教师惯于以眼前一亮、行之有效的方法来判断整个研修的意义与价值，以及为何常常表现出对培训中教育学者的教育理想或是教育改革的愿景、乌托邦的失望与无助。事实上，过度依赖某种教学方法、策略以及教学程序，并将之机械化、程序化，是方法主义、技术主义以及普遍主义的典型代表，方法主义、技术主义乃至普遍主义钳制与规训的最终结果便严重遮蔽了教学的内在复杂性以及扭曲了教学研究者与实践者的教育理解。

新课改的背景下，我国教学实践领域正涌现出一些新的教学模式，其中以杜郎口中学、洋思中学等为代表的“高效课堂”模式最为热赞。高效课堂作为一种课堂教学模式，一定程度上，可以被认为是标志着基础教育新课程改革的重大事件。诸多教育媒体开辟专刊、专栏特以报道，全国各地不断掀起学习“高效课堂”旋风，甚至其改革经验也得到了教育行政部门的肯定及高度赞誉，称其为我国基础教育改革的样板校。这些模式繁荣的背后却深陷技术理性方法论的制约。如高效课堂的捧追者声称:“模式”一词，将会成为2010年课改的流行语。与模式相关的则是，学校开始着力研究课堂流程、环节操作，进而探讨评价方式、管理机制的形成变革，追求课堂效益等。①例如，杜郎口中学课堂展示的六个环节:预习交流、明确目标、分组合作、展现提升、穿插巩固、达标测验。提出课堂结构的评价要求:“1.预习交流，确定目标(5分钟)；2.分配任务，立体教学(2分钟)；3.完成任务，合作探究(6分钟)；4.展现拔高，师生互动(18分钟)；5.穿插巩固，全面掌握

① 李炳亭.2015:课改升级年[N].中国教师报，2015-01-07(06).

(8分钟);6.达标测评,检查验收(6分钟)。"[①]后期逐步改为:预习交流(5分钟);确定目标(2分钟)、分组合作(8分钟);展现提升(15~18分钟);穿插巩固(5分钟);达标测评(5分钟)。[②]效仿杜郎口模式的洋思中学"先教后学,当堂训练"教学基本程序有:1.揭示课堂教学目标,约1分钟;2.指导学生自学,约2分钟;3.学生自学,教师巡视,约5~8分钟;4.检查学生学习成果,约5~8分钟;5.引导学生更正,指导学生运用,约8~10分钟;6.当堂训练,不少于15分钟。[③]

课程实践深陷技术理性方法论的制约,课堂教学成了机械性、程序性、技术性的实践。对于这一课程实践的现状,在美国著名课程学者小威廉·E.多尔教授看来,实际上与教学理论理智传统中注重技术理性,从而引发教学研究中"方法文化"[④]的滥觞密切相关。这一文化可以追溯到文艺复兴时期西方讲授法的鼻祖拉莫斯(Peter Ramus)为满足清教徒"追求简单规则、秩序及'简洁风格'的愿望"[⑤]。进而倡导简单、清晰和不加赘饰的方法化,这种"方法就是一种排列分布……把在知识绝对顺序中排序第一的放在所要阐释的第一位,排序第二的放在第二位,接下来依序而行"[⑥],即"拉莫斯知识地图"(Ramist Map),并主张:"拉莫斯所提供的这种方法,"教科书化"知识的概念是其教育改革工作的重要组成部分,进而着眼于教学"速成",着眼于教学方法因而与秩序性、简单化等"教学快捷方式"联系起来。17世纪,为满足新兴资产阶级追求效率的需求,夸美纽斯(John Comenius)将"拉莫斯主义"在教育领域中发挥到极致。在《教学法解析》中,夸氏又把便易性、简明性原则合并为快捷性原则,同时增补了愉快性原则,进而得出结论:教得好就是使别人能学得快捷、愉快和彻底。[⑦]一旦找到了这样的教学方法,只要能保持它的秩序,把时间、科目和方法巧妙加以安排,这样无

① 李炳亭. 杜郎口"旋风"[M]. 济南:山东文艺出版社,2006:107.

② 崔其升,邱学华,谢金国.崔其升与杜郎口经验[M].北京:首都师范大学出版社,2010:78-79.

③ 周桂海.洋思教学模式解读——我这样教数学[M].南京:南京师范大学出版社,2003:1-8.

④ William E.Doll, Jr, M. Jayne Fleener, John St. Julien. Chaos, complexity, curriculum, and Culture: a conversation[M].New York: Peter Lang.2005:26-27.

⑤ William E.Doll,JR.Chaos,Complexity,Curriculum,and Culture:A Conversation[M].New York:Peter Lang,2005:26-27.

⑥ William E.Doll,JR.Chaos,Complexity,Curriculum,and Culture:A Conversation[M].New York:Peter Lang,2005:26-27.

⑦ 夸美纽斯.大教学论[M].傅任敢,译.北京:人民教育出版社,1999:63.

论教导多少学童都不会比用印刷机在一天之内印一千份最整洁的文章更为困难。[①]教与学也由此大功告成。启蒙运动时期，夸美纽斯的主要继承者德国教育家赫尔巴特(John Herbart)及其学派，赫尔巴特提出教学的“四阶段”或“四环节”即“清楚”“联合”“系统”“方法”[②]，将教学变得更加精致化、程序化。“清楚”就是将复杂还原为简单、整体肢解为部分、动态固化为静态；从“联合”到“系统”就是在简单观念的基础上建立联系，达成次序、逐步推论，得出一般原理与结论；“方法”则是对一般原理或结论的应用，即从一般到个别的过程。到了赫尔巴特的弟子及再传弟子，教学的“四阶段”或“四环节”被发展为“五阶段”或“五环节”，即“准备”“提示”“联合”“概括”“运用”，一度在欧洲和北美广为流传，同时也日益形式化、机械化和僵化。[③]赫尔巴特教育学深深影响凯洛夫《教育学》，并对我国课堂教学实践产生深层次影响。择其在教育实践中影响最大的一章，“上课是苏维埃学校教学工作的基本组织形式”加以分析，这一章的核心内容为“课的类型与结构”。按照这一章的构想：以每一节“课”为单元，把“课”分为若干类型，由不同类型的“课”联成“课的体系”，其中每种类型的“课”，都由若干“教学环节”构成，这些“教学环节”形成这种类型“课”，有别于其他类型“课”的特殊结构，称为“课的结构”。所构想的“课的类型与结构”为：(1)工作开始的组织(记载缺席的学生，迅速准备当前的工作)，用1～2分钟时间；(2)查阅家庭作业的完成，约用3～8分钟；(3)讲解功课的题目与宗旨，并确定其与已学功课的联系，约用5～10分钟；(4)讲述并说明新教材，约用10～20分钟；(5)巩固已经教过的教材，约用10分钟；(6)详细说明新的家庭作业，约用5～8分钟。[④]上述课堂教学的“工作流程”是凯洛

① 夸美纽斯.大教学论[M].傅任敢，译.北京:人民教育出版社，1999:63.

② (德)赫尔巴特.普通教育学·教育学讲授纲要[M]李其龙，郭官义.赫尔巴特文集(教育学卷一).杭州:浙江教育出版社，2002:80-104. 引自:张良.从简单性到复杂性——试论我国教学范式的重建[J].清华大学教育研究，2013(5):104.

③ 对此评论正如当代德国教育家赫尔曼·诺尔所说:“由于赫尔巴特对这种形式阶段作了刻板的划分，并进行操练——在耶拿莱因实验学校儿童一直可以预计到紧接着什么样的阶段是正确的——因此赫尔巴特学派最后变成了一种死板的技术。”引自:张华.研究性教学论[M].上海:华东师范大学出版社，2010:45；张华.试论教学方法的理智传统[J].全球教育展望，2009(6):7-16.

④ 凯洛夫.教育学(上册)[M].沈颖，等译.北京:人民教育出版社，1951:170-177. 转引自:张良.从简单性复杂性——试论我国教学范式的重建[J].清华大学教育研究，2013(5):104.

夫关于学生认识过程"理论"的具体化,是凯洛夫式的"传授—接受"教学的标准体现。在这个"工作流程"要求下,教师没有发挥自己特长的空间,没有自己对教学的理解,剩下的只有遵守"流程";对待学生就像流水线上的工人对待正在生产的产品;而学生没有独立思考的空间,没有自主选择的机会。操作手册式的教学研究,按照既定目标的"工程系统"方案。

面对沉重的技术理性方法论研究的教学传统,笔者并非是无病呻吟、故弄玄虚进而否定教学中的一切方法存在或是方法的必要以及教师的方法意识提升,否则不小心便跨入方法虚无主义、方法的混沌主义等危险境遇,但同时也并非走向方法的相对主义,从而忽视教学中方法可循的路径与依赖。然而,正如美国教育学者唐纳多·马西多(Donaldo Macedo)所述:"对任何方法论轻易地、不加批判地接受,不管它是否做出进步性的承诺,都极易转化为僵化方法论,在我看来,这是一种方法论恐怖主义。"[①]"方法论恐怖主义"实际上就是一种技术理性方法论。这一方法论的背后,依旧是主、客体二元论的背后的理智与审美的二元论。这一二元论的缘由在于人性对确定性追求的信念以及对逃脱不确定性的无意识使然,在杜威看来,人生活在危险的世界之中,便不得不寻求安全。而"通过思维人们似乎可以逃避不确定性的危险"。"在近几世纪以来,人们在不断地专心一志来增加这些艺术。人们虽然在这方面努力,但同时他们却深深地不相信艺术是应对人生中的严重危险的一个方法。利用艺术产生实际客观变化的地位是低下的而与艺术相联系的活动也是卑贱的。人们由于轻视物质这个观念而连带地轻视艺术。"[②]其缘由在于:由人类感官、身体网络所参与的"实践活动所涉及的乃是一些个别的和独特的情境而这些情境永不确切重复,因而对它们也不可能完全加以确定"[③]。

---

① Paulo Freire & Donaldo P. Macedo. Dialogue: Culture, language, and race[J].Harvard Educational Review. 1995, 65 (3). 引自:张华.反思对话教学的技术主义倾向[J].教育发展研究,2011(20):64-69.

② John Dewey. The Quest for Certainty—— A Study of the Relation of Knowledge and Action [M]. New York: Minton, Balch& Company, 1929:4

③ John Dewey. The Quest for Certainty—— A Study of the Relation of Knowledge and Action [M]. New York: Minton, Balch& Company, 1929:7.

为了逃避风险,人类虽然发明各类艺术,在感情和观念上改变自我的方法,但却因为:“利用艺术产生实际客观变化的地位是低下的而与艺术相联系的活动也是卑贱的。人们由于轻视物质这个观念而连带地轻视艺术。”[①]其最终的结果正如杜威所言:“完全的确定性的寻求只能在纯认知(pure knowing)活动中才能实现。这就是我们最悠久的哲学传统的意见。”[②]进而“轻视实践便具有了一种哲学上、本体论上的理由了。实践动作,不同于自我旋转的理性的自我活动,是属于有生有灭的境界的,在价值上是低贱于‘实有’的”[③]。进而言之,“性质(qualities)、优美(excellencies)和目的(ends)都被科学排除出了自然界,而只有投靠于一种精神境界(realm of the spiritual),这种精神境界超乎自然而为自然之根源与基础。人们既把自然与精神两项对立起来,而又必须把他们联系起来,这便产生了一种紧张状态,而这种紧张状态便产生了近代哲学所特有的一切哲学”[④]。面对我国课程实践中深受工具理性方法论的制约所引发技术主义、方法主义,美学取向的课程探究旨在基于美学的视角重估技术主义方法论的限度,认为课程与教学中的方法不单纯是一个理性、技术问题,而且还包含艺术性、诗性等美学维度。一旦方法与艺术彼此分离,方法便会异化为方法主义或技术主义。显然,通过将课程视为审美经验摆脱技术理性方法论的钳制与束缚,为艺术维度的课程方法提供合法性论证,从失落走向正明,从被遮蔽走向正身,才能使人们通过课程走向自由的愿景得以实现。

综上所述,从知识层面诊断我国课程实践,意味着在客观主义知识观面前这些审美经验便成了否定性要素,甚至要想获得客观、准确的知识,便要否定审美经验的存在与发生,知识便意味着脱离教师和学生的感觉、情感、直觉、想象力。

① John Dewey. The Quest for Certainty—— A Study of the Relation of Knowledge and Action [M]. New York: Minton, Balch& Company, 1929:4.

② John Dewey. The Quest for Certainty—— A Study of the Relation of Knowledge and Action [M]. New York: Minton, Balch& Company, 1929:8.

③ John Dewey. The Quest for Certainty—— A Study of the Relation of Knowledge and Action [M]. New York: Minton, Balch& Company, 1929:19.

④ John Dewey. The Quest for Certainty—— A Study of the Relation of Knowledge and Action [M] .New York: Minton, Balch& Company, 1929:53.

从方法层面,我国课堂教学实践深陷技术理性方法论的桎梏,学校改革实践中存在着对固定性、模式性、程序性以及确定性模式、方法、技术的追寻,技术理性方法论撕裂了方法与艺术、方法与个人、方法与情景的联系或一体化,并将艺术等个人因素视为会引发不确定性的根源。无疑,这一系列课程症结表明,我国课程实践还深陷技术理性或工具理性的深渊。美国课程学者休伯纳教授认为课程本质、课程理解中所存在的危机,实际上是一个未被认可的神话(non-recognized myths)。显然,我国的课程实践充满危机的深层次原因在于未经挑战与未经超越。只有自身问题的理论自觉,才是寻求发展与再生的关键。基于此,从国外的课程理论、课程研究的经验来看,基于美学取向的课程探究成为拯救深陷技术理性危机的现代课程理论的一剂良方。无疑,对这一问题的探析将为我国课程理论的发展与基础教育课程改革提供有益参考,其意蕴至少体现为:其一,这场转向作为课程观的更新或概念重建,为我国课程领域摆脱技术理性的束缚,走出客观主义知识观、应试主义、传递取向方法论等泥潭,提供了具体的方法路径以及实践可能。其二,这场转向作为课程研究的一种新的理论思潮,为我国课程与教学理论研究丰富了理论视野以及为我国传统课程与教学理论范式转型提供了可资借鉴的理论资源。其三,这场转向作为一个理解课程实践的全新视角,为我们深入理解、剖析我国课程与教学中的各种实践问题,消解工具理性的诟病诱发的课程实践困境提供了重建课程与教学实践的契机。

二、课程作为审美经验的必要性

课程作为审美经验是基于美学视角的课程本质观。同时,更是课程本质的应有之义。课程的本质决定了课程作为审美经验的必要性,这便意味着深入理解课程作为审美经验的必要性有助于深入理解课程的本质。

(一)通过审美获得自由的人性理想

“人充满劳绩,但仍诗意地栖居在大地上”,这是德国诗人荷尔德林的一句名言，这句话或多或少道出了人的生存状态：或许劳碌、辛苦，但仍然充溢着审美与诗意。哲人在对人本质的探究中，不断提出人是“理性人”“社会人”“经济人”“政治人”以及“文化人”等，也存在着“审美人”。如加拿大哲学家埃伦·迪萨纳亚克（Ellen Dissanayake）在《审美的人》（Homo Aesthetics）中指出：人类天生就是审美的和艺术性的动物，艺术是人性中的生物学进化因素，并列举了大量例子论证“审美的人”这一命题的成立。[①]因此，人是审美的存在，审美是人类的生活理想，因为有了美，人生才有情趣，生活才有意义。“所谓审美，就是人对于无止境的自由愿望的永不满足的追寻和探索。正是由于审美自由的无止境性质，才决定了人的求知和求善好奇的无止境性。”[②]“人只有在美的追求中，才能把自己的灵性呈现出来，使我们的世界笼罩上一个虔诚的、富有柔情的，充满韵味的花环。”[③]

“通过审美，人才能获得超越、自由。”这是德国著名诗人、美学家弗里德里希·冯·席勒（John F. Schiller）认为的人性的理想与教育的使命。人的自由必然建立在理性与感性双重天性的和谐、统一之上，才能摆脱感性需求与理性原则的强制，如果人自身的双重天性，不能统一，在席勒看来：“人可能以两种方式使自身处于对立状态：或者当他的感情支配了他的原则的时候，成为野人；或者当他的原则破坏他的感情的时候，成为蛮人。”[④]而如果获得统一，则必然通过美，人们才可以走向自由。[⑤]针对当时蓬勃发展的资本主义工业化、城市化与现代化对人性的异化，在席勒看来，要摆脱缺乏理想、平庸且每天都沉湎于现实之中的生活，依赖于严肃的说教与训斥只会适得其反。同时，任何现实的、功利性的做法也仍会强化并深陷这种沉迷的深渊。对此，席勒指出：人们不妨在闲散的时候试试美的创造力，把那些任性、轻浮、粗野的东西从娱乐中排除出去，当人们不知不觉地忘记了功利性的一切的时候，美对现实的解放作用就显示出来了。因而不论在

① 埃伦·迪萨纳亚克.审美的人——艺术来自何处及原因何在[M].户晓辉，译.北京：商务印书馆，2005:22.
② 高宣扬.福柯的生存美学[M].北京：中国人民大学出版社，2015:32.
③ 何齐宗.审美人格教育新论[M].北京：教育科学出版社，2014:17.
④ 席勒.审美教育书简[M].张玉能，译.南京：译林出版社，2012:9.
⑤ 席勒.审美教育书简[M].张玉能，译.南京：译林出版社，2012:4.

什么地方遇到它们,都要将高尚的、伟大的、精神丰富的形式展现在它们面前,让它们置身于完美的意象世界之中,直到外观克服现实、艺术克服自然为止。①也就是说,要想从感性的人变为理性的人,首先应成为审美的人。怀着对后期法国大革命的极度失望,席勒深受康德哲学的影响,并在康德的哲学思想中寻找现实的出路。席勒以审美来沟通已视为冰炭的感性和理性,通过审美得以消解理性与感性两者的割裂,这一思想便来自于康德以审美判断力作为中介沟通知性和理性、自然领域和自由领域。在康德哲学中,认识论(真)与伦理学(善),前者探寻自然因果的现象世界,后者探究"意志自由"的本体。现象与本体,也就是必然与自由、认识与伦理,在康德那里,是彼此对峙截然而分的。但如前所述,思辨理性(认识)虽不能达到伦理领域,实践理性(伦理)却要作用于认识领域。实现这种作用使康德思考和寻求两者的终结。②解决自然与社会、认识与伦理、感性与理性的对峙,这一具体的中介、桥梁或者媒介,在康德看来,就是人的一种特殊心理功能,即"审美判断力"。③

将目光聚焦到我国的课程实践。我国著名美学家朱光潜曾批判中国教育的问题是一场功利主义的盛行,关注到教育的工具性,而忽视了其所引发的对培养什么人的价值的、美学的追问,他具体分析说:"我们的根本错误在把教育狭义化到知识贩卖。学校的全部工作仅限于上课应付考试。……教员力疲于讲,学生力疲于听,于是做人的道理全不讲求。就退一步谈知识,也只是一味灌输死板材料,把脑筋看成垃圾箱,尽量地装,尽量地挤塞,全不管它能否消化启发。从前人说读书能变化气质,于今人书读得越多,气质越硬顽不化,这种教育只能产生出一些以些许知识技能博衣饭碗的人,决不能培养领导社会的真才。"④有关专家曾做过大范围的调查研究,调查显示:我国青少年的审美情感虽处于正向积极状态,但水平并不高,究其原因,在于当前的教育一味注重青少年认知能力的发展,

① 席勒.审美教育书简[M].张玉能,译.南京:译林出版社,2012:26-27.
② 李泽厚.批判哲学的批判:康德述评[M].北京:生活·读书·新知三联书店,2013:382.
③ 李泽厚.批判哲学的批判:康德述评[M].北京:生活·读书·新知三联书店,2013:383.
④ 朱光潜.朱光潜美的人生[M].北京:新世界出版社,2012:169.

追求考试分数，忽视审美教育，或审美教育形式化、刻板化，导致了青少年审美能力和审美情感的衰退。[①]

对此，我们恐怕不应再一味地拘泥于“什么知识最有价值”“什么样的教学最有效”，而应该是“教育究竟实现了哪一层面的价值”以及“培养什么样的人”的前提追问。功利主义的信条，仅是单向度的教育价值，亦是片面、局限的教育观。让这种工具主义教育价值延续，势必加剧我国基础教育的“精英化”“分流化”倾向，全面发展的教育目的与“三维目标”的课程进而成为空中楼阁最后彻底成为乌托邦。同时，在德国哲学家赫伯特·马尔库塞（Herbert Marcuse）看来：伴随启蒙理性，知识的增长、科学的进步、技术的改进直接的结果便是奴役的加强与人本质的异化，科学知识、技术知识已经成为具有工具性、奴役性甚至是极权主义思维[②]的意识形态社会功能。同时，这种知识形态还“起着思想灌输和操纵的作用”[③]。知识俨然成了一种以科学知识为偶像的新型意识形态，即技术统治论，启蒙理性寄希望通过知识获得解放转而知识却成了思想解放与主体自由的桎梏、囹圄等，进而造就了“单向度的人”。[④]显然，“当我们知道诗意，我们就能在任何情况中体验到：我们非诗意地居住着，和在何种程度上非诗意地居住着，我们是否和何时将会达到转折点。当我们注意诗意时，我们也许只能期待我们的行为和意愿能够参与这一转折。只有我们自己证实，如果我们认真地对待诗意”[⑤]。法国哲学家米歇尔·福柯（Michel Foucault）将“人的审美能力当成人类生存的基础，意味着把审美列为人的第一超越性。也就是说，人作为具有超越本性的生存物，其超越方向、内容和性质，首先就表现在审美活动中。人的超越性，使人必定要通过哲学、科学、艺术和宗教等形态，在其生存中进行不断的创造活动，以便满足和完成超越的需要和欲望。但是，在哲学、科学、艺术和宗教的超越性中，都无

---

① 贺雯，等.中国当代青少年审美情感现状调查研究[J].心理科学，2010，33(6):1326.

② 赫伯特·马尔库塞.单向度的人[M].刘继，译.上海:上海译文出版社，2007:4-5.

③ 尤尔根·哈贝马斯.作为“意识形态”的技术与科学[M].李黎，郭官义，译.上海:学林出版社，1999:4.

④ 请参阅:赫伯特·马尔库塞.单向度的人[M].刘继，译.上海:上海译文出版社，2007:5-11.

⑤ 海德格尔.诗·语言·思[M].彭富春，译.北京:文化艺术出版社，1991:199.

一例外地贯穿着审美的超越。审美的超越高于和优越于哲学、科学、艺术和宗教的超越；审美超越是一切超越的灵魂。因而，审美的超越性始终指导、决定和落实哲学、科学、艺术和宗教的超越性”①。福柯之所以认为审美超越是一切超越的基础与灵魂，是在于，他认为：“审美是人的好奇心的最原始动力和最核心内容，也是它的主要表现形态。”那么，就要“将审美当成生存的最高目标和人的最高尊严。并在实践中使审美真正成为生存的基本要素和基本内容。”“审美就是生存的目的自身。因而，审美就是为了审美自身。人的好奇，其首要和最高目标就是满足审美快感。审美是人之为人的根本特征。人作为好奇的特殊生存物和生命体，主要是通过审美好奇的不断循环更替，实现其生存创新的自由。正是在这种无止境的好奇循环更替中，人在其生存中实现他永恒追求的审美自由……审美自由对于人的生存来说是如此的重要，以至于唯有通过它，人的生存本身才获得至高无上的价值，而人自身也由此维护了自身的不可让与和不可转让的最高尊严。”②因此，面对我国当前学校教育、课程教学中功利主义所引发的症结，有必要重新理解“课程—人—审美”三者的关系。通过课程成为审美经验，课程成为解放的力量，人不再是单向度的理性人，而是在课程面前能够获得审美经验，进而实现学生自由的人。

(二)课程实现经验完整的教育愿景

上文在探讨课程作为审美经验的合理性问题时，讨论过在课程研究的历史场域中，将课程视为一种理性经验，是自“课程”这一概念进入教育领域之时，这一观念便得以在教育时空中正式确立，并成为居于主导地位的课程观。这一现代主义课程观在概念重建运动的发展过程中，开始不断探究课程作为经验的审美维度。从我国课程实践的维度来看，课程作为经验仅仅实现了一个维度，那就是理性、科学维度，而审美、美学维度却遭致深度搁浅与遗忘。在杜威看来，忽视

① 高宣扬.福柯的生存美学[M].北京:中国人民大学出版社,2015:391.

② 高宣扬.福柯的生存美学[M].北京:中国人民大学出版社,2015:391-392.

经验中的艺术、审美维度的观念意味着轻视一部关于身体的道德史。蔑视身体，恐惧器官，将灵与肉对立起来的状态，其背后则是心灵与肉身、理性与艺术、理智与感性以及物质与精神等的二元论哲学。人性追求确定性，然而利用艺术产生实际客观变化的地位是低下的而与艺术相联系的活动也是卑贱的。人们由于轻视物质这个观念而连带地轻视艺术。[①]进而人们对完全的确定性的寻求只能在纯认知、思维活动中才能实现。显然，这部关于身体二元论的道德史中，身体的感觉与思维、审美与理性被人为地树立了屏障。"在许多的经验中，我们的不同感官并没有联合起来，说明一个共同而完整的故事。"[②]然而，杜威的研究发现："艺术由生命过程本身所预示。当内在的集体压力与外在的材料结合时，内在压力得到了实现，外在的材料变为一个满意的状态。所有有意识的意图，都是通过自然理想相互作用而有机地生长出来。人的独特贡献就在于对在自然中所发现的各种关系的意识。与其说是，人在自然中所发现的因果关系转化为手段与后果的关系。还不如说，意识本身是这种变化的开端；原本仅仅是安静的事物成了邀请；对付变成了用来改变现存的物质安排；顺利的技巧成了生发想法的诱因。"[③]概言之，在杜威看来，艺术是人类生命力有意识的表现。通过在自然世界中，将因果关系转化为手段与结果，如内在的意识获得实现，外在的环境获得有机的、圆满的改变，这就是一种艺术的表现。另外，在杜威看来，艺术的存在证明，"人在使用自然的材料和能量时，具有扩展他自己的生命的意图，他依照他自己的机体结构——脑、感觉器官，以及肌肉系统——而这么做。艺术是人能够有意识地，从而在意义层面上，恢复作为活的生物的标志的感觉、需要、冲动以及行动间联合的活的、具体的证明。意识的干预增加了选择与重新配置的规则和力量。因此，它以无穷无尽的方式改变着艺术。但是，它的干预最终导致了作为一种有

① John Dewey. The Quest for Certainty—— A Study of the Relation of Knowledge and Action [M]. New York: Minton, Balch& Company, 1929:4

② 约翰·杜威. 艺术即经验[M]. 高建平，译. 北京:商务印书馆，2010:24.

③ John Dewey. Art as Experience [M].New York: The Berkley Publishing Group, 1934:24-25.

意识思想的艺术思想——这是人类历史上最伟大的思维成果"[①]。基于艺术乃人类生命过程的判断,杜威明确提出:"甚至'最伟大的哲学家'在将自己的思想引导向结论时,也具有一种动物式的倾向性。他在想象的情感活动时进行选择与放弃。'理性'的极致不能获得完全的把握和一种自足的保证。它必定会落回到想象——落回到思想在充满情感的感觉中的体现之上。"[②]无疑,在杜威看来,艺术、审美经验是生命过程所预示,亦是人类获得完全的把握、自足的保证的基础。正如有学者所言:"美感经验不是被动的感受,而是能将生命转化为积极而主动的创造力。……美感经验拓展我们的想法,敞开我们的心灵,引导我们进入新的和未知的领域。"[③]这就意味着实现人生命的内在本质则必须发现经验中的审美维度的必要性。

同时,从经验的角度来看,审美性质即是任何一个完整经验都具有的,"审美不能与智性经验截然分开,因为后者要得到自身完满,就必须打上审美的印记"[④]。关于审美经验与经验的关系,杜威反复论证:审美经验是经验获得完整性的关键要素。经验通过审美获得了自足、完整与完善,这样完整性的经验意味着"一个经验"(an experience)。"一个经验"在杜威的哲学中,并非数量意义的多寡,而是意味着一种完整性、完满性的经验,是一切经验的典型。在杜威看来,"一个经验"有别于残缺不全的经验的主要特征乃是具有审美性质的经验,"没有任何经验可以有统一性,除非它有审美性质"[⑤]。完整性的经验的对立面即残缺不全的经验,残缺不全的经验往往意味着漫无目的或机械化、常规化的两个极端。例如,在生活中,解决某个问题、玩一场游戏、下一盘西洋棋、写一本书等,当我们真诚专注地参与其中,这些活动就能带给我们鲜明的印象以及结束后的完满感。实用、理智与道德的活动都可具有这些性质,也因此都可以成为美感经验。这些

---

① 约翰·杜威.艺术即经验[M].高建平,译.北京:商务印书馆,2010:29.
② 约翰·杜威.艺术即经验[M].高建平,译.北京:商务印书馆,2010:38-39.
③ 引自:林素卿.美感经验对课程美学建构之启示[J].东海教育评论,2009(3):43-70.
④ 约翰·杜威.艺术即经验[M].高建平,译.北京:商务印书馆,2010:45.
⑤ John Dewey. Art as Experience [M].New York: The Berkley Publishing Group, 1934:137-138.

活动都混杂着情感、理智与实用,无法分辨。情感、审美的经验将理智、实用统合。显然,与审美经验相对的不是理智、实用,而是生活中的单调、麻木、松散以及不连贯等。进而,这些活动中的经验内涵便在主与客、审美与理智的融合下,获得全新的内涵,经验的主体全身心地沉浸在活动情境之中,专注地参与,使自己的理性与感性相互融合,成就了一种具统一性质的经验,并于经历过后,具有自足而完整的感受。[①]显然,“审美既非通过无益的奢华,也非通过超验的想象而从外部侵入到经验之中,而是属于每一个正常的完整经验特征的清晰而强烈的发展”[②]。“当经验的内容臻于完善(fulfill)时,我们就拥有了可以真正称之为完整的经验。这时,也只有这时,经验达到了内在的整合,并与经验之流中的其他经验区别开来。”[③]也就是说,“审美不能与智性经验截然分开,因为后者要得到自身完满,就必须打上审美的印记”[④]。概言之,审美性质既是任何一个完整经验都具有的,而完整经验又不只限于审美经验,所以审美经验与非审美经验(如实用、理知、道德经验等)的差别是审美性质在强度或程度上的不同,而不是类型上的不同。[⑤]

综上所述,一个完整性的经验本身包含着审美维度,若对此舍弃与遗忘,难免诱发完整性经验的支离破碎。因此,我国课程实践中经验维度的实现问题,与其说课程作为经验实现了理智的维度,还不如说审美维度还未获得认可,并未获得必要性的澄清。杜威就“一个经验”的探讨证实了,经验只有是完整性的才是人生命力量的真实表征,因此唯有凭借课程中审美经验的自觉,课程作为教育性经验才能得以成为弥合理性与审美割裂的完整性、完满性经验,才能进一步摒弃二元论,摒弃主体与客体的区分、理智与审美的割裂、审美经验与非审美经验的界限,成为课程的美学基础,也成为美学取向课程本质观的愿景。

---

① 林素卿.美感经验对课程美学建构之启示[J].东海教育评论,2009(3):43-70.

② 约翰·杜威.艺术即经验[M].高建平,译.北京:商务印书馆,2010:54.

③ John Dewey. Art as Experience [M].New York: The Berkley Publishing Group, 1934:89.

④ 约翰·杜威.艺术即经验[M].高建平,译.北京:商务印书馆,2010:45.

⑤ 刘昌元.西方美学导论[M].台北:联经出版事业公司,1986:121-122.

(三)课程审美功能实现的美育使命

美育,即审美教育,或称之为情感教育和心灵教育。国务院办公厅于2015年9月28日发布了《关于全面加强和改进学校美育工作的意见》(下文简称《意见》)。[①]《意见》指出了美育是落实立德树人的根本任务、促进学生全面发展的重要途径,是培育和践行社会主义核心价值观、传承创新中华优秀传统文化的重要载体,等等。《意见》提出了加强和改进学校美育工作的总体目标:“2015年起全面加强和改进学校美育工作。到2018年,取得突破性进展,美育资源配置逐步优化,管理机制进一步完善,各级各类学校开齐开足美育课程。到2020年,初步形成大中小幼美育相互衔接、课堂教学和课外活动相互结合、普及教育与专业教育相互促进、学校美育和社会家庭美育相互联系的具有中国特色的现代化美育体系。”[②]无疑,这份由国务院办公厅出台的《意见》赋予了美育极高的教育意义、社会价值与时代使命,同时也明确了学校美育工作的改革思路。尤其是其所提出的课堂教学和课外活动相互结合、各学科相互渗透与融合等具体措施,如《意见》明确提出:“将美育贯穿在学校教育的全过程各方面,渗透在各个学科之中。加强美育与德育、智育、体育相融合,与各学科教学和社会实践活动相结合。挖掘不同学科所蕴含的丰富美育资源,充分发挥语文、历史等人文学科的美育功能,深入挖掘数学、物理等自然学科中的美育价值。大力开展以美育为主题的跨学科教育教学和课外校外实践活动,将相关学科的美育内容有机整合,发挥各个学科教师的优势,围绕美育目标,形成课堂教学、课外活动、校园文化的育人合力。”[③]从《意见》中关于学校美育实施、推行的思路来看,其强调美育与各个学科、与德智体相结合。显然,这是一种超越学科本位的美育观,而走向学科融合、从学校课程的角度推行美育的思路。概言之,在此意义上,这也是课程成为审美经验的现实诉求与政策吁求。

---

① 国务院办公厅.国务院办公厅关于全面加强和改进学校美育工作的意见[EB/OL].(2015-09-28)[2022-08-04].

② 国务院办公厅.国务院办公厅关于全面加强和改进学校美育工作的意见[EB/OL].(2015-09-28)[2022-08-04].

③ 国务院办公厅.国务院办公厅关于全面加强和改进学校美育工作的意见[EB/OL].(2015-09-28)[2022-08-04].

反思学校美育现实困境，一个重要的理论症结还在于分科思维的壁垒。学校美育被局限为艺术教育，美育课程被窄化为艺术学科。艺术教育已固定适用于狭义的艺术领域中，例如：视觉艺术、音乐、戏剧、舞蹈等概念与方法的学习。艺术教育，其地位只为知识教育的补充形态，如同在各种仪式性的日程上外加一点点缀的情调而已。这种分科思维的实质是一种还原论思维统摄下的学校课程的教育功能观。智育主要包括语数外、数理化等学科，承担的是智育任务。德育主要包括思想品德等学科，主要担负德育任务。体育等学科，承担体育功能。美育主要包括音乐、美术等学科，负责美育。还原论导致了实践中课程体系是一种各就其位、各负其责的分裂、碎片化教育功能实现。"'美育'与'艺术教育'混淆的另一消极结果，是把'美育'单纯视为语文、音乐、美术教师的事，导致对课程中其他可资利用的美育资源的忽视。其实，任何一门课程，任何一节课，或一项活动，如果从内容到形式安排得当，恰到好处，体现出协调和洽的氛围，它本身就很自然地成为欣赏的对象，使学生于不知不觉中受到'美的熏陶'。"①不仅如此，美育若等同于艺术教育，必然导致美育面临着技术理性、理性化的倾向，主要是美术、音乐、舞蹈等课程与教学，最后又在传递主义、授受主义下异化为某种知识学习与技能训练，同样艺术课程中的经验也并非实现了审美经验。这直接引发学校美育工作的低效、薄弱乃至形式化。因此，如何基于将学校课程转化为审美经验的立场与思维探讨学校课程美育功能实现的理论与实践问题，亦是深入落实《意见》中改进、优化学校美育工作的重要课题。

根据人类实践活动知、情、行三个领域的划分，学校课程作为教育性经验便可理解为具有真、善、美三个维度。进而，学校课程就成了一种美学经验、美感文本以及审美历程，并具备了本体论层次上的美育价值与美育功能。此时，课程所实现的审美功能、美育功能乃如有学者所指出的"真正的美育"，即"'真正的美育是将美学原则渗透于各科教学后形成的教育。'可惜的是这一美育观念至今仍然

① 陈桂生."美育"辨析[J].杭州师范学院学报(社会科学版),2004(1):12.

少有认同，我国的美育实践因此也就只能在很小的时空中艰难地存在”[①]。显然，课程成为审美经验，意味着美学取向的课程与教学，并不局限在艺术教育活动，更重视美的感受性，并在乎教育历程中的时时刻刻，用新的眼光去看待课程与教学的学生所发生的实践，并引领学生用新奇、不同于以往的眼光进行观看，加以鉴赏与批评，这历程所获得的实践与体验，都内化至教师与学生的生命中，成为生命的养分。[②]不难看出，这是一种美感取向的课程与教学，并非开发、设计与构建一个名为“美学取向的课程”，美学取向的课程探究或言之课程美学并非单纯指向艺术本位课程或教学的原则与规律，或者如何构建课程或教学的艺术，而是美的课程与教学的生成与实现。如杜威所言：“在任何科目中形成适当的标准，决定于实现这个科目对经验的直接意义所作出的贡献，决定于直接的欣赏。文学和美术具有特殊的价值，因为它们代表最好的欣赏，通过选择和集中，深刻地实现它们的意义。但是，每门科目在它发展的某个阶段，对和它有关的个人来说，应该具有审美的性质。”[③]显然，从课程的思路来看，以审美、艺术的态度去对待课程生活，突破学科本位的艺术课程的片面性与狭隘性，探究日常课程生活场域中师生建构美感生活与审美经验的美学原理，这是课程作为审美经验所实现审美功能的愿景与使命。换言之，具有审美经验的课程，让学生历经此种审美经验，获得美的感受和表现能力，又成为审美教育。[④]进而，美育的内涵被拓宽，得以突破艺术课程、美育课程等学科本位的美育壁垒，进而为改进、优化学校美育工作提供了课程的立场与思路。艺术世界的“教育”作用，正在于它对当下眼前的世界也有一种吸收作用，当然，这种作用也是不完全的、暂时的，但确为重要的、基本的；因而，科学有一种专业的教育作用，而艺术则有一种普遍的教育作用，它迫使任何人在它面前不能“无动于衷”。[⑤]

---

① 檀传宝.论教育美育[J].教育研究，2000(12):30-33.

② 周淑卿.课程的美学探究范畴之建构——当前的问题与未来的方向[J].课程与教学季刊，2005(8):1-14.

③ 约翰·杜威.民主主义与教育[M].王承绪，译.北京:人民教育出版社，2001:265.

④ 周淑卿.课程的美学探究范畴之建构——当前的问题与未来的方向[J].课程与教学季刊，2005(8):1-14.

⑤ 叶秀山.美的哲学[M].北京:世界图书出版公司，2010:5.

三、课程作为审美经验的可能性

课程作为审美经验是一种基于美学视野重新审视、理解学校课程本质观的应然性、纲领性的论断。为充分理解、支撑这一论断,有必要对这一论断进行可能性的证据确证。有必要从课程发展种种趋势中,探究所蕴含的潜在或现实意义上的可能性以及在理论上、现实中的实现依据和条件。

(一)知识学习渗透审美经验

自19世纪以来,人们不断验证:审美经验在知识实践过程中并非是否定性因素,在知识实践过程中具有合法性地位。现代知识论、认知科学以及科学哲学研究也一再表明:与"逻辑""理性"相同,审美经验也是知觉与认知的一种形式。正如《剑桥哲学词典》(The Cambridge Dictionary of Philosophy)中指出:"美学除了探究艺术的本质,以及人类艺术经验的特征之外,还包括人类对自然环境的经验特征。"[①]显然,这个定义从人类的经验的角度理解、规定美学意味着人类与世界相遇后,具有另一种特征的经验形式,并且这一经验形式具有极其重要的知识论意义。

1.审美经验与科学:审美经验是找到真理的道路

科学研究的发展历程中,存在着大量的审美因素。这些美学要素不只为科学家所从事的科学研究提供一种无拘无束的感性想象以及科研成果或科学结论富有美感、审美、对称、和谐的体现方式,更为重要的是,审美经验是科学研究找到真理的道路。如法国哲学家米盖尔·杜夫海纳(Mikel Dufrenne)甚至从方法论意义上指出了审美经验在科学研究中的意义与价值。如他所述:"在人类经历的各条道路的起点上,都可能找出审美经验,它开辟通向科学和行动的途径。原因是:它处于根源部位上,处于人类与万物混杂中感受到自己与世界的亲密关系的这一点上。"[②]按照他的理解,审美经验意味着人类经验中最基础、原初的东西,是

① Robert Audi. The Cambridge dictionary of philosophy [M].Cambridge: Cambridge University Press, 1995:10.

② 杜夫海纳.美学与哲学[M].北京:中国社会科学出版社,1985:83.

科学研究赖以奠基的基础。英国科学家詹姆斯·麦卡里斯特(James W.McAllister)曾明确指出:"现代科学最引人注目的特征之一就是许多科学家都相信他们的审美感觉能够引导他们达到真理。"[①]例如:挪威卑尔根大学的数学家、科学家罗尔夫·雷伯首次证明,美是发现真理的源泉,人类大脑将美感与真理联系在一起。[②]关于审美经验对科学研究的意义与价值,我们还可以从英国生物学家,进化论的奠基人查尔斯·达尔文(Charles Darwin)于1876年出版的《自传》中一窥究竟。达尔文写道:"到了30岁,或30岁多一点,各类诗歌,诸如弥尔顿、格雷、拜伦、华兹华斯、柯勒律治和雪莱等人的诗作给了我很大的乐趣,我甚至像一个中学生似的从莎士比亚的剧作中获得强烈的快感。……以前,绘画也给我相当大的乐趣。但是,经过许多年后的今天．我不能容忍一行诗……对绘画和音乐的兴趣也差不多丧失了。……我的思想几乎已成了机器,只会机械地从无数事实和材料中提出一般规律。"[③]达尔文以亲身经历阐述了科学研究与审美能力的关系是相互关联并相互促进。单向度地强化科学理性逻辑思维,难免抑制想象、情感、直觉等感性方面,从而引发审美意识的蒙蔽与审美能力的退化。两方面的不协调,不仅意味着个人生活幸福指数的下滑而且还有可能导致理智力和道德心的降低。无疑,审美经验并不同于逻辑思维的理性认知,而是一种特殊的悟解能力,其本身也是一种认知能力。作为艺术家、科学家的达·芬奇曾把绘画和雕塑的意义理解为:"教导人们学会观看。"[④]显然,达·芬奇所言的"观看"并非科学实证意义上的"观察"或"观测",而是对世界进行审美意义上的感性直观与悟解。

依据德国哲学家汉斯·伽达默尔(Hans-Georg Gadamer)的历史考证:艺术经验是被现代科学排除在真理范围之外的,原因在于艺术经验一直被视为不符合科学真理的普遍必然性要求,完全是主观的、相对的,是无关知识与真理的。在伽达默尔看来,这是近代以来随着美学产生才逐渐在西方占据主导地位的看法。

① 詹姆斯·麦卡里斯特.美与科学革命[M].李为,译.长春:吉林人民出版社,2000:108.

② 叶朗.美学原理[M].北京:北京大学出版社,2009:293.

③ 杜卫.美育论(第2版)[M].北京:教育科学出版社,2014:140.

④ 恩斯特·卡西尔.人论[M].甘阳,译.上海:上海译文出版社,1985:183.

艺术经验方式所经验到的真理，恰恰是科学方法和任何其他方式所无法达到的。“无论是在古代世界还是在中世纪，西方人都没有将艺术经验与知识和真理截然分开。人们在艺术的视觉语言和诗及叙述形式中，同样能感受到知识和真理。希腊悲剧和中世纪的宗教画对于当时的人来说首先是宗教真理的表达，然后才是艺术的表达。即使在近代美学之父鲍姆加登那里，‘美学’仍然意味着‘感性知识’（cognition sensitiva）。”[①]显然，“审美经验是我们存在经验的一部分，通过它我们融入艺术所体现和展现的那个历史。作为经验，艺术经验同样具有认识的功能，虽然它的认识方式与科学和伦理学的认识方式不同，但它同样可以拥有真理，同样可以有真理的诉求”[②]。概言之，伽达默尔的立场是将审美经验与科学认识、伦理认识做了区分，并明确提出审美（艺术）经验为一种“独特的认识方式”作为“美学的认识”。[③]显然，审美经验是人类整个世界经验的重要组成部分。“它就是存在的敞露，是我们所直面的世界。艺术最直接地对我们说话，它同我们具有一种神秘的亲近，并能把握我们整个的存在，似乎我们同艺术之间融洽无间，每次同它相遇都同时是与我们自己照面。”[④]

伽达默尔的立场在于审美经验不仅是一种“独特的认识方式”，而且还是我们存在经验的一部分。著名哲学家路德维希·维特根斯坦（Ludwig Wittgenstein）在早期的笔记中干脆认为：“艺术所表达的东西，从永恒的观点看，即世界本身。”他在《逻辑哲学论》中曾表达：“从永恒的观点来看这个世界，就是把它当作一个有限的整体来观照，把世界当作有限整体的感觉是神秘的感觉。”[⑤]由此观之，维特根斯坦所说的“从永恒的观点看”，其实也就是从艺术、审美的观点看；换言之，审美经验就是世界，就是生活。所以“审美地看，这个世界的存在即奇迹，奇迹即一切都在那儿”[⑥]。“在那儿”（over there）的意思就是对它不必说什么，如果说了，

① 张汝伦．艺术：审美经验，还是存在经验？——伽达默尔视域中的艺术经验[J]．河北学刊，2004(5):72.
② 张汝伦．艺术：审美经验，还是存在经验？——伽达默尔视域中的艺术经验[J]．河北学刊，2004(5):73.
③ 汉斯-格奥尔格·伽达默尔．真理与方法[M]．洪汉鼎，译．上海：上海译文出版社，2005:126.
④ 牛宏宝．现代西方美学史[M]．北京：北京大学出版社，2014:476.
⑤ 张宝贵．西方审美经验观念史[M]．上海：上海交通大学出版社，2011:211.
⑥ 张宝贵．西方审美经验观念史[M]．上海：上海交通大学出版社，2011:211.

它就不是它了。从审美经验和生活的关系中我们可以得出一个结论,那就是说,审美经验是不可言说、不可定义的,它本身是什么,是不可知的。它之所以不可知,是因为它作为审美经验和生活本身,呈现出来的一切就是它的本来面目,一旦加以认知,无疑就是对它的拆解,审美经验也就不是它本来的样子了。显然,维特根斯坦不仅认为审美经验具有知识论意义,而且认为其作为一种"独特的认识方式"所获得的知识乃生活世界本身,并能够惊奇地感受、发现世界的奇迹。更重要的审美经验本身是我们生存在这一世界上的存在经验。概言之,从审美经验与科学的角度,探寻人类科学发现中的审美经验具有重要的价值,科学实践中也自发渗透着审美因素。审美经验不仅可以找到真理的道路,更得以展现、呈现惊奇的生活世界。

2.审美经验与认知:审美经验是认知世界的重要表征方式

现代认知理论的研究表明:审美经验不仅在认知过程中具有重要意义,而且是人类认知世界的重要表征方式。首先,我们从著名的美学家、分析哲学家,哈佛大学纳尔逊·古德曼(Nelson Goodman)教授的研究开始分析。古德曼是一位世界知名的分析美学家,在古德曼的美学世界中,"符号"构成了他美学的基础。[①]"符号"包括字母、语词、文章、画面、图表、地图、原型,等等,但却不包括隐含有曲折的或神秘的东西。科学语言与审美经验、艺术思维在符号意义上,具有平等性,都同样"具有高度象征性"。[②]古德曼符号哲学的理论基础在于一种非实在论,在非实在论看来:世界是以多种多样的存在方式存在着的,人们可以通过观看、描述、描绘等多种方式对世界加以正确地认识,而这其中最重要的方式就是人类创造出的符号象征系统。所以古德曼说,"我们不仅通过符号发现了世界,而且在

① 古德曼对"符号"的理解与德国文化哲学家恩斯特·卡西尔(Ernst Cassirer)的论断如出一辙,卡西尔认为:"符号思维和符号活动是人类生活中最富有代表性的特征,并且人类文化的全部发展都依赖于这种条件。"基于这一典型特征从而创造出一个"符号的宇宙"—"人类文化的世界"。进而,基于符号—文化—人性构成了理解人的哲学体系。参阅:(德)恩斯特·卡西尔.人论[M].甘阳,译,上海:上海译文出版社,2004:35.

② 尼尔森·古德曼.艺术语言[M].褚朔维,译.北京:光明日报出版社,1990:10.

发展的经验启发下不断地对符号又有所理解并重新加以评价"①,从而来更好地认识世界。基于符号哲学、非实在论,古德曼进一步明确反对科学主义和人文主义将科学与艺术置于双方对立的境地,并坚持认为:所有的符号都为制造诸世界和理解诸世界发挥着自己内在价值与作用。审美经验与理性认知一样都参与世界的构造。我们通过符号来把握、理解世界,没有符号我们不可能把握一个赤裸裸的世界,而且也不存在一个完全透明的真理、知识直面人类,而一定是通过运用符号形成了认知与知识。"在构造的世界中,古德曼将艺术与科学都放置在认知的大旗下,将艺术的认知功能提升到了前所未有的高度,一般符号学最终将美学与科学纳入到一个统一的认知框架中来。"②从这一观点不难得知,古德曼坚持认为艺术、审美的功能是认知,是认识。基于此才可以将艺术与科学进行同等比较。正如古德曼指出:"艺术具有认知特征。音乐是建立在声音媒介之上一种符号系统,而油画建立在颜料和画布媒介基础上。每一种媒介都表达其他媒介所不能表达的人类经验。古德曼主张,在人类生活中,所有艺术都发挥着基本的认知作用,其重要性不比科学小。例如,两种活动都需要积极地投入,而不是被动感知。"③因此,科学与艺术在构建世界、建构知识等认知方面具有"异曲同工"的地方:"科学与艺术的差异,并不在于情感与事实(feeling and fact)、直觉与推论(intuition and inference)、愉悦和沉思(delight and deliberation)、综合与分析之分(synthesis and analysis)、感觉与思考(sensation and cerebration)、具体与抽象(concreteness and abstraction)、激情与行动(passion and action)、间接与直接(mediacy and immediacy)或者真理与美(truth and beauty)之别,而是符号的具体特征的符号在不同领域的差异。"④按照这种基本的理解,一切符号都是为了"认识功能"而存在的,甚至"审美经验是一种认知经验"。据此推论,艺术(包括一切诉诸视觉

① 引自:胡健.符号学视野中的分析美学——论古德曼的美学思想[J].华南师范大学(社会科学版),2009(12):55-59.

② 安静.个体符号构造的多元世界——纳尔逊·古德曼艺术哲学研究[M].北京:中央民族大学出版社,2013:227.

③ 阿瑟·D.艾夫兰.艺术与认知[M].智玉琴,译.长沙:湖南美术出版社,2008:126.

④ Nelson Goodman. Language of Art: An Approach to a Theory of Symbols[M].New York: The Bobbs-Merrill Company, Inc.1988: 261.引自:刘悦笛.试论纳尔逊·古德曼的分析美学一一以《艺术的语言》为考察中心[J].南方论丛,2007(4):85-91.

的艺术）的主要目的也是认识，是能诉诸“真理”的认识。在这个意义上，艺术家世界和科学家世界从根本上说是“等值”的，它们是直面“世界的各种版本”，都可能揭示出“真理”。这是《艺术的语言》的最终结论。[①]在这个意义上，古德曼提倡审美经验与理性认知通常处于人类认知系统、体系之中，而且极力提升审美经验、艺术思维的地位和意义，是对人类认知系统构成的再次融合与统一。

与深藏书斋毫不关心艺术实践的哲学家不同，古德曼还是一位古代艺术与现代艺术兼营的文化商人和收藏家。同时，古德曼还非常关注教育实践，他批判性地指出人们过去花费了大量的精力和金钱以改进逻辑思维和科学教育，对形象思维和艺术教育的认识却甚微。1967年，他创办哈佛大学教育研究生院的“零点计划”（Project Zero），立志从零开始，弥补科学教育研究和艺术教育研究的不平衡，在美学、教育学和心理学的交融地带进行了探索。他领导这个计划一直持续到1971年，这一计划主要致力于教育、艺术与心理学的交叉研究。这项在国际上产生了重要影响的“零点计划”，对人类成长过程里面的智能发展进行了初步的探索，从而突破了囿于人类的语言和逻辑符号的传统研究方式。正如古德曼自己所言，既然我们对此还一无所知，不如就叫“零点计划”算了，这就是该计划命名的由来，它也是同美学直接相关的。[②]

作为“零点计划”的两任所长之一，世界著名认知心理学家霍华德·加德纳（Howard Gardner）教授深受古德曼的艺术思维、符号理论的影响。[③]如加德纳曾就符号系统研究如何有助于产生多元智能理论进行了详细的解释，符号理论研究是多元智能论发展的一个重要因素。这一理论承认，大量的人类经验并没有像人们假设的那样脱离认知，而是表现为非常独特的认知形式。七种不同的智力被假定为特殊的“思维框架”，这是不同符号领域中（问题—空间）实现个人方

① 转引自：刘悦笛.试论纳尔逊·古德曼的分析美学——以《艺术的语言》为考察中心[J].南方论丛，2007(4):85-91.

② 刘悦笛.试论纳尔逊·古德曼的分析美学——以《艺术的语言》为考察中心[J].南方论丛，2007(4):85-91.

③ 如加德纳曾指出：“通过和哲学家纳尔逊·古德曼以及其他对艺术思维、艺术发展和艺术教育感兴趣的学者们的不断交流，我开始接触到许许多多当代的有关艺术思维以及人类符号系统的观点。”转引自：沈致隆.多元智能理论与艺术教育[J].人民教育，2004(5):9-10.

式(发现、创造和解决问题)的潜在的认知资源。这些智力形成了七种不同的专业知识或技巧:(1)语言的;(2)音乐的;(3)逻辑数学的;(4)空间的;(5)身体动觉的;(6)内心的;(7)人与人之间的。在此基础上,加德纳针对传统只重视逻辑与语文的"统一规划的学校教育"模式,于1983年提出"多元智能理论"(Multiple Intelligences),指出人类思维和认识世界方式是多元的,在通过大量心理学的实验数据、案例基础上,论证出人类至少存在七种思维方式,即语言智能、数学逻辑智能、音乐智能、身体运动智能、空间智能、人际关系智能和自我认识智能。同时,在他看来,每一种智能在人类认识世界和改造世界的过程中都发挥着同等的重要性。如他指出:"人与人的差别,主要在于人与人所具有的不同智能组合。"[①]同时,"谈到智能的多元化,立刻会出现一个问题,即是否存在单独的艺术智能。按照我的分析,没有。这些形式中的每一种智能,都能导向艺术思维的结果,也即表现智能的每一种形式的符号,都能(但不一定必须)按照美学的方式排列"[②]。也就是说,七种智能都能导向艺术思维,对此,加德纳举例论述道:"语言智能用于写诗歌和小说,就可以充分表现美学的原则。同样原因,空间智能可以同时被航海水手和雕塑艺术家应用,身体运动智能能够同时被舞蹈家、哑剧演员、运动员或外科医生所应用。"[③]进而,进行艺术的学习仅仅掌握一套技巧和要领是不够的。艺术是一种深度个人化的领域,学生在这个领域将进入自己和他人的感情世界。显然,从古德曼到加德纳,从为艺术思维、审美经验能够在人类认知系统中获得平等席位的美学奠基到开始深刻影响教育学、教育心理学的理论与实践,审美经验作为一种认知世界、表征世界、构建世界的重要认知方式已经获得了极大的共识与广泛的影响。

美国课程论专家艾利奥特·W.艾斯纳(Elliot W.Eisner)的研究与加德纳存在一些共同的指向与线索。艾斯纳的理论基础是从生物学角度,认为思维根植于器

① 霍华德·加德纳.多元智能[M].沈致隆,译.北京:新华出版社,1999:13.
② 霍华德·加德纳.多元智能[M].沈致隆,译.北京:新华出版社,1999:146.
③ 霍华德·加德纳.多元智能[M].沈致隆,译.北京:新华出版社,1999:146.

官。人可以透过不同符号系统来建构自己对世界认知与理解，人类通过感官知觉撷取外界信息，甚至转化为表征形式(form of representations)。这些经验形式、表征形式因为所使用符号的差异进而呈现出不同的意义。这是一种认知多元论(cognitive pluralism)的观点。与这一观点相类似，加德纳曾认为智能是与大脑某些区域相联系，而非与眼睛或耳朵。在“符号”“表征”“认知多元论”的基础上，艾斯纳指出：艺术家和科学家都创造了不同的表征形式，并借此呈现各自对世界诸事物的认知与理解。在进行呈现自己的认知内容与成果时，他们所需要思考与回答的关键问题就在于如何能够最适切、恰如其分地使用相关表征形式，以便他人可以透过这些表征形式得以全然理解他们所要呈现的内容与表征的结果。例如：作曲家便要思考使用何种曲式、和声，创造何种曲调才能表达自己的情感进而走进听众内心，引发听者的共鸣；数学家的思考则是运用何种符号、关系，才能适切地使某种原理、规则或定律让他人能够一目了然地发现、理解。正是由于这种在作品形成过程中对于“适切性”的质性判断(qualitative judgments)，无论艺术家或科学家，都在运用“美感的认识形式”(aesthetic mode of knowing)。[①]对于这一基于美感的认识形式或称之为美学认识论、美感认知理论，艾斯纳指出：“无论科学家或艺术家一样都在运用这一认识论，其原因主要在于人类自身生物学的本质，寻求美学刺激的生物学本质。”[②]与此同时，对于大多数学习者而言，他们是透过这些表征形式来获得艺术家和科学家所呈现的知识，由此，如果学习者学习时能够掌握、领悟或理解这些表征形式的独特性、适切性以至于差异性，他们便能深刻地领悟这些表征形式所表达的知识内涵。“不过，每一种表征形式各有其限制，不可能完全呈现事物各面向的特质，当我们能掌握多种表征形式，也愈能认识事物的多重面向。”[③]人类认知世界过程中，潜移默化地都在采用基于美感的

① Elliot W. Eisner. Aesthetic Modes of Knowing [C]Elliot W. Eisner. Learning and Teaching: The Ways of Knowing.Chicago, IL: The University of Chicago Press, 1985:32.

② Elliot W. Eisner. Aesthetic Modes of Knowing [C]Elliot W. Eisner. Learning and Teaching: The Ways of Knowing.Chicago, IL: The University of Chicago Press, 1985:28-29.

③ 周淑卿.无教学不足以成课程:美感认知理论的观点[J].西南大学学报(社会科学版),2009(1):59.

认识型式。其生物学本质在于人类具有寻求审美的本性。同时,这一认识形式为唤醒、拓展我们对世界、事物多方面的认识提供了条件。另外,通过审美经验可以使我们的器官更精练,让我们能够体验到世界更细微、更玄妙复杂的层面;通过促进我们的想象力,艺术更提供我们以新的方式来体验世界的新模式。①

综上古德曼、加德纳以及艾斯纳的论述,审美经验具有重要的认知意义,并可作为认知世界、构建经验中重要的表征方式。因此,我们断定:知识并非单纯是认知的,在杜威看来,知识只有包含美的成分才算是完美。正如杜威所言:"审美不能与理智经验截然分开,因为后者要得到自身完满,就必须打上审美的印记。"②在这一层面,认知的过程如同艺术家创造艺术作品一般,都是在过程中形塑认知的视域,并超越原有的概念界线,因此认知过程中所获的知识乃是自我主动建构而来。认知主体透过感官系统对周遭环境产生"直觉""感知"与"想象",并透过这些要素可获致理解世界的主观与客观知识以及美感本身的知识。显然,知识过程中,只要课程中存在认知因素、知识学习,课程作为审美经验的可能与可行的证据与理由便足够充分。这是因为:知识与审美融为一体。知识中始终渗透着个人的情感、审美、理智追求和独特生活史。无论知识多么广泛和深入地融入社会,知识的审美性只能被掩盖、扭曲或淡忘,但绝不能消除,除非知识本身不复存在。因为,借助审美知识才获得完满与统一。③

(二)经验自身内蕴审美维度

卡西尔在《人论》中指出:"美就是人类经验的组成部分。"④上述观点从知识的角度,论述了人类知识实践,无论是科学还是认知,都难免自发地进入审美经验。本部分则从经验的角度论证课程作为审美经验的可能性。这种可能性来自于人类经验本身包含着审美维度。杜威曾明确指出:"艺术与审美的性质藏于每

① Elliot Eisner. The Arts and the Creation of Mind [M].New Haven, NJ: Yale University press, 2002:19.
② John Dewey. Art as Experience[M].New York:The Berkley Publishing Group,1934:39.
③ John Dewey. Art as Experience [M].New York: The Berkley Publishing Group ,1934:41.
④ 刘悦笛.生活美学与艺术经验:审美即生活,艺术即经验[M].南京:南京出版社,2007:105.

一个正常的经验之中。”[①]在杜威看来，审美性质既是任何一个完整经验都具有的，而完整经验又并不只限于审美经验，所以审美经验与非审美经验（如实用、理性、道德经验等）的差别是审美性质在强度或程度上的不同，而并非是类别不同。

理智经验一般来自于从前提推断到结论的整个过程。在这一理智过程伊始，提前确定了一个具体的目的，途经紧张、阻力、累积以及后续发展，最后达到圆满的结论或结果。其中，结论得到证明或证伪，则意味着这一明确理性活动已然到达圆满状态的表现。而当这一理智活动不断熟练，它可在灵感的启发下自觉地完成。在这种情况下，“推理是可带诗意的”[②]。有关理性经验这部分的相关论述与上一部分中人类知识实践包含审美经验都有所涉及，在此就不再赘述。

实用经验一般来自于为了得到某种利益或达到某个欲望而产生的实际行动。[③]这种经验具备审美性质是非常敏感的。例如：庄子在《庖丁解牛》中描述了庖丁解牛的故事。宰牛本是一项使用活动，但当技术熟练得心应手时，可以游刃有余，成为一项高超的技艺，并在宰牛的过程中获得当下的满足感，整个活动便生成了审美的性质。正如杜威指出：“聪明的技工投入到他的工作中，尽力将他的手工作品做好，并从中感到乐趣，对他的材料和工具具有真正的感情，这就是一种艺术的投入。无论是工场里，还是在画室里，这样的工人与无能而粗心的笨蛋间都同样具有巨大的差别。”[④]

道德经验的审美性质可以从古希腊哲学中的伦理学中看出。正如刘昌元教授指出：“希腊人认为好的行为有优雅、和谐与中庸等性质。这些性质也都可用来评价艺术品之优劣。反审美的道德行为总是不理想的，因为它们只表示人勉强地暂时服从了义务的要求，而不是心悦诚服地履行做人的原则。”[⑤]杜威还曾引证希腊人将好的行为与均衡、优雅、和谐，与漂亮的阿伽同（漂亮的阿伽同的词源来自柏拉图的《会饮篇》，阿伽同是一个美少年，悲剧作家。在希腊语中还有“好

① 约翰·杜威．艺术即经验[M]．高建平，译．北京：商务印书馆，2010:14.
② 刘昌元．西方美学导论[M]．台北：联经出版事业公司，1986:122.
③ 刘昌元．西方美学导论[M]．台北：联经出版事业公司，1986:122.
④ 约翰·杜威．艺术即经验[M]．高建平，译．北京：商务印书馆，2010:6.
⑤ 刘昌元．西方美学导论[M]．台北：联经出版事业公司，1986:122-123.

人”的意思。同时,这词在希腊语中接近于现在的“漂亮”。因此,漂亮的阿伽同一语双关,有“漂亮好人”的含义)等同起来,是一个更为明显地存在于道德行动中的独特审美特征的例证。[①]还有学者指出:“传统中,情感上的‘美’与道德上的‘善’常混淆使用,例如,当我们得知特蕾莎修女看见印度街头贫病、孤寂的人们之后,毅然放弃原有的一切,深入穷乡僻壤,不分身份地位,为需要照顾的人们服务。她用双手从垃圾堆中捡拾过无数的弃婴,清洗病人的伤口,抬起街上垂死的穷人,抱过伤心绝望的孤苦者,并握过无数临终前无人过问的手,陪伴他们闭上眼睛,有尊严地离开人世。看着她所做的善行,我们佩服她崇高的道德,也感受到她的温暖、慈爱,这是特蕾莎修女粗糙的双手与深刻的皱纹,对我们而言,是一种升华的美感。”[②]在我国古代,儒家伦理就是以审美为基础的道德体系。“那就是鼓励或期许个人在修为上追求卓越与完美;品行超凡绝俗的人,言行间能令人见出‘美’的意境。”[③]例如,孔子曾说自己:“从心所欲,不逾矩。”(《论语·为政》),在孔子个人的感受上,这就是一种清澈的愉悦,是美的感受。他称赞弟子颜回:“贤哉回也!一箪食,一瓢饮,在陋巷,人不堪其忧,回也不改其乐。贤哉回也!”(《论语·雍也》)这是一种描述颜回的德行,但对于别人而言,是一种令人称赞的美。

哲学

真	善	美
知识	意志	情感
工艺技术、自然科学、社会科学	行为、制度、道德、人文科学	各种艺术
认识论	伦理学	美学
描述语言,事实世界	指令语言,价值世界	感觉语言,心理世界

图3-2　李泽厚关于哲学体系的结构示意图

此外,李泽厚曾将哲学这一庞大的体系划分为上表,如图3-2所示。[④]毫无疑问,“人对世界的关系,主要的是在人的实践活动中形成的认知关系(真与假)、

① 约翰·杜威.艺术即经验[M].高建平译.北京:商务印书馆,2010:46.
② 陈锦惠.教学经验中的美感特质探讨——杜威美学的观点[J].课程与教学季刊,2008(8):21.
③ 林逢祺.教育规准论[M].台北:五南图书出版公司,2004:105.
④ 李泽厚.华夏美学·美学四讲(增订本)[M].北京:生活·读书·新知三联书店,2008:246.

评价关系(善与恶)和审美关系(美与丑)"[①]。但李泽厚却仍指出这一分类本身具有牵强之处,并且这张表格显得太粗糙。其原因在于,如他指出:"难道'知'里没有'意'和'情'吗?'情'中没有认识和伦理吗?意志不是在理智认识的支配控制下吗?……这种划分似乎与现代科学的严格要求距离太远。"[②]显然,真、善、美的区分本身构成了人类理解世界、理解社会以及理解自我的维度,但如何理解三者的独立性与整合性,才是目前哲学研究乃至教育学研究的重中之重。最后,人类经验无论从理智、实用与道德的维度来划分,还是从真、善、美的角度来理解,审美经验都内蕴在每一个经验类别之中,不可切分,且相互共生。因此,我们认为将课程理解为审美经验,并非是强制性地从美学的角度加入了课程作为经验的属性与特征,而是经验本身审美维度的理性自觉与实践澄明。

"美的世界"和"真的世界"本是同一个"世界"的不同的存在方式。[③]

(三)学校学科蕴含审美经验

美的本质和人的本质、生活的本质有着密切的。[④]苏联美学家尼古拉·车尔尼雪夫斯基(Nikolay Chernyshevsky)曾提出"美是生活"的著名美学命题,如他指出:"美是生活,任何事物,凡是我们在那里面看得见依照我们的理解应当如此的生活,那就是美的;任何东西,凡是显示出生活或使我们想起生活的,那就是美的。"[⑤]这时,我们联想到法国艺术家奥古斯特·罗丹(Auguste Rodin)的那句名言:"美是到处都有的,对于我们来说,不是缺少美,而是缺少发现。"两个人异曲同工地道出了美在生活中,美待发现的道理。这个道理自然适用于关于课程作为审美经验可能性的论述。除学校中的艺术学科外,不论是自然学科,还是社会学科,无不蕴含着丰富的审美经验。对此,正如有学者指出:"美感经验不限于艺术领域;数学、工程等领域若能设计漂亮的方法解决一些开放性的问题,也能产生

① 孙正聿.哲学通论(修订版)[M].上海:复旦大学出版社,2005:143.
② 李泽厚.华夏美学·美学四讲(增订本)[M].北京:生活·读书·新知三联书店,2008:247.
③ 叶秀山.美的哲学[M].北京:世界图书出版公司,2010:34.
④ 杨辛,甘霖.美学原理[M].北京:北京大学出版社,2003.51
⑤ 尼古拉·车尔尼雪夫斯基.生活与美学[M].周扬译.北京:人民文学出版社,1958:6-7.

相同经验。”[①]蔡元培先生对这一问题也有过详细的阐述：“数学中数与数常有巧合的关系，几何学上的各种形式是图案的基础；物理、化学上能力的转移，光色的变化；地质学的矿物学上结晶的匀净，闪光的变幻；植物学上活色生香的花叶；动物学上逐渐进化的形体，美丽的毛羽，美妙的鸣叫；天文学上各星体的轨道与光度，云霞的色彩与变动；地理学上各地的名胜；历史学上各时代伟大的人物与事迹等等。”[②]

欧崇敬教授曾就学校学科的不同领域所产生的不同美感经验进行划分：

1.科学领域的美学

从美的角度去思考科学，包括数学、物理学、天文学、生物学、化学等领域，当然也包含科学所制造出来的科技产品、电脑、咨询、网络等各种领域。

2.人和市场关系的美学

范围包括经济学、财务金融、银行经营、流行体系、管理学、会计学、统计学等，皆可导入美学的世界。

3.符号体系的美学

包含所有的文学作品、绘画、音乐、建筑、雕刻、舞蹈、文化人类学、任何可展现在空间或时间中的可符号化的范畴。

4.心灵的美学

范围包含宗教学、心理学、社会学、哲学的意识层次研究。[③]

欧崇敬教授的这一划分是从人类整体学科的角度出发的。基本的结论在于：美感经验领域是课程作为美感经验的原生发源地。如将视野聚焦在基础教育阶段，我们可以发现：中小学学校学科涉及人与自然关系的“自然美”科学学科、人与社会关系的“社会美”社会学科以及人与自我关系的“艺术美”艺术学科等。因为，

---

① 周淑卿.学习历程中美感经验的性质——艺术与科学课堂的探究[J].课程与教学季刊，2010(14):19-40.

② 引自:何齐宗.教育美学[M].重庆出版社，1995:110.

③ 欧崇敬.审美经验与艺术的界定[J].环境与艺术学刊，2009(7):39.

人与自我相关的艺术学科的学科特征与学科目的就在于发展学生的审美经验,因此,这里着重分析人与自然关系的科学学科、人与社会关系的社会学科。

首先,人与自然关系的科学学科所蕴含的"自然美"。

人与自然关系的科学学科主要是探索自然奥秘,揭露和认识自然规律,侧重于理性的概括与分析等,这一学科的主要任务在于客观求真,旨在开辟领域、发现规律、拓展理解以及建构理论和假说,进而实现创新知识、创建理论等知识生产,这一学科群的美感经验主要源自这一学科的研究对象所蕴含的自然美。所谓自然美不仅是自然世界、自然物本身具备的客观美,一定也是关乎于人们心目中所呈现的自然世界、自然风景的审美意象。这种审美意象悠然生成审美经验。例如:黑格尔便把自然美对人的意义概括为三个方面:第一,与人的生命观念有关。因而人喜欢活动敏捷的动物,厌恶懒散的动物。另如《论语·雍也篇》中所记载的"知者乐水,仁者乐山"等。第二,自然界许多对象构成风景。呈现出令人愉快、动人的外在和谐,引人入胜。第三,自然美还由于感发心情和契合心情而得到一种特性,即可以唤醒心情。[①]黑格尔所谈的自然美的三种情况都属于人与自然的契合。正如宗白华所讲:自然美则"是主观的生命情调与客观的自然景象交融互渗,成就一个鸢飞鱼跃,活泼玲珑,渊然而深的灵境。"[②]也就是说,自然美是在审美活动中所生成的,人与自然风景的切合。这一点体现了我国传统美学的生态意识与整体意识。[③]

其次,人与社会关系的社会学科所蕴含的"社会美"。

人与社会关系的社会学科主要探索社会生活,理解社会存在与认识社会发展规律,这一学科群的美感经验主要源自这一学科的研究对象所蕴含的社会美。社会学科主要是以社会生活作为研究对象,包含社会生活的各个方面,从政治、历史、地理、经济到生活方式、文化、习俗等领域等都包含着审美意蕴。人类的本

---

① 参阅:黑格尔.美学(第一卷)[M].朱光潜,译.北京:人民文学出版社,1958:160-166.

② 叶朗.美学原理[M].北京:北京大学出版社,2009:181.

③ 樊美筠.中国传统美学的当代阐释[M].北京:北京大学出版社,2006:5-17.

质在于是一种社会生活的存在，社会生活乃人的“生活世界”的主要领域。而一旦以审美的眼光去观照生活世界，它们就会呈现出一个充满审美、情趣的意象美感世界。概言之，“所谓社会美，不简单是指个人的行为、活动、事功、业绩等等，而首先是指整个人类的生长前进的过程、动力和成果”①。

毫无疑问，这些学科本身都与人的生活密切相关。学校课程中往往看到了它们作为知识、理智、科学的一个层面，却忽视了其所蕴含的诸多领域的审美经验。这一忽视、偏见，与启蒙运动以来哲学认识论转向及所衍生出来的现代主义思维方式息息相关。启蒙运动是对宗教的猛烈批判，这使社会表现为一个世俗化的过程，或者用韦伯的话来说，是一个“世界的祛魅”(the disenchantment of the world)过程，它改变了人们的思维方式与世界观，形成了人们的理性意识，推动了反宗教蒙昧迷信运动，催生了主体性意识，产生了现代的自由、平等、博爱等价值观念，所有这些为现代资本主义社会的产生提供了思想基础，它们也因此构成了哲学意义上的现代性的基本特征。对此，正如建设性后现代主义者大卫·格里芬(David Griffin)所言，这种祛魅的世界观既是现代科学的依据，又是现代科学产生的先决条件，并几乎被一致认为是科学本身的结果和前提。②其结果必然引发“科学要取得进步，就必须对世界进行祛魅、从其中清除掉所有把自然看作是充满了生命和精灵力量的影响”③。通过对宇宙进行先进而严密的数学和物理解释，现代科学君临于“僵死的自然”，并将生机勃勃的自然世界转变成一架死的机器。④启蒙运动的发起，源自以笛卡尔为旗手的西方哲学近代认识论的转向。这一认识论的实质是一种主客二分的二元论思维，“生活世界”原初、本真所具有的“自然美”与“社会美”，在科学、理性思维下被遮蔽，人的生活世界成了图像化、学科化的世界，原初充满意味、审美与情趣的“生活世界”成了认识论意义上的图像世界。这一认识论所表征出来的是一幅科学化、真理化、理论化、封闭化的生活

① 李泽厚.华夏美学·美学四讲(增订本)[M].北京:生活·读书·新知三联书店,2008:289.

② 大卫·格里芬.后现代科学[M].马季方,译.北京:中央编译出版社,1995:1.

③ 斯蒂芬·贝斯特,(美)道格拉斯·科尔纳.后现代转向[M].陈刚,等译.南京:南京大学出版社,2002:259.

④ 斯蒂芬·贝斯特,(美)道格拉斯·科尔纳.后现代转向[M].陈刚,等译.南京:南京大学出版社,2002:259-260.

世界，是一幅静态化、系统化、精致化、固态性、预设性的世界图像，科学把自然与社会现象看成一种必然性、因果性的序列，科学的预见和预测基于概念知识的推理，一切科学知识的必然性，都离不开逻辑的必然性。[①]而我们所喜闻乐见、习以为常并每天与之打交道的世界，不再是色、香、味俱全，五味俱在的复杂、动态、多变以及形形色色的生活世界本身，而是一幅具备了大小、高低、动静等由数学的量、物理学的动力机制、生物学以及化学的结构特征等构成的图像形态。

由此，理性的霸权与现代主义思维方式的僭越，引发生活世界的祛魅进而成为一幅海德格尔所言的“世界图像”。然而，如果美学的视野，基于原初、非学科、非分析的思维与意识思考世界，用叶朗先生的话便是，“审美活动就是要在物理世界和功利世界之外发现、建构一个有意味、有情趣的世界”[②]。“审美意识是人与世界的交融，用中国哲学的术语来说，就是‘天人合一’，这里的‘天’指的是世界万物。人与世界万物的交融或天人合一不同于主体与客体的统一之处在于，它不是两个独立实体之间的认识论上的关系，而是从存在论上来说，双方一向就是合而为一的关系。”[③]因此，“学校中的每个学科无论是数学、科学、历史、社会科学、语言还是视觉艺术，都能展现世界的奇妙、欣喜。所以学习者需要更多时间与机会去接触不同类型的材料，并借以发现它们如何参与这世界的创造”[④]。从学科到课程，学科具备的审美经验，在这一维度具有独立的美感经验。然而，目前课程组织成具体学科，而未注意到它们之间在方法论上的相似性，使得孩子们相信美学知识和美学经验一般只存在于艺术和人文科学中。在所有学科形式的知识中确定和探索美学时刻，会强调知识生产与获得中共同的原因和过程。[⑤]这意味着学校学科都有可以生成审美经验的可能性。知识论的核心在于探讨知识的本质、起源以及范围。这意味着以一种美学认识论、美学知识论的视角理解知识与审美经验的关系。

---

① 叶秀山.美的哲学[M].北京:世界图书出版公司,2010:64.

② 引自:邢建昌.美学[M].石家庄:河北人民出版社,2012:79.

③ 张世英.哲学导论(修订版)[M].北京:北京大学出版社,2008:117-118.

④ Hongyu Wang. Aesthetic experience, the unexpected and curriculum[J].Journal of Curriculum and Supervision,2001(17)1:90-94.

⑤ 陈伯璋.课程美学[M].台北:五南图书出版公司,2011:18-19.

第四章　课程作为审美经验的价值诉求

一般来讲,美学并非是一个寻求主体如何获得知识的认识论学科,也并非是一个探究科学方法论的领域,而是人类的基本存在活动。美学就是人类自身的存在。美学是一个追求审美意义进而获得自由的实践活动。因此,课程作为审美经验体现了一种对课程价值、课程意义的重新抉择与定位。在这场意义的定位或重建过程中,需要重新思考课程与人的关系、课程与审美的关系以及课堂教学与艺术的关系。那么,课程作为审美经验,对师生的发展意味着什么?对学校课程有何意义?对课堂教学又有何价值?这是本章拟探讨的主要问题。

一、师生审美意识的觉醒,人诗意地栖居

人性论的角度,师生诗意地栖居,其前提在于审美意识的唤醒。然而,居于主导性的课程开发模式在理解课程与人的价值关系问题上深陷技术理性的框架,课程理论的技术化、固定性、程序性取向引发实践中愈发严重的仪式性、重复性、机械性和统一性,从而不断吞噬教师与学生的主动、创意、想象力和觉察的活力。这一深陷技术理性框架的工艺学模式在将技术理性推向极致的同时,忘却了对课程与人之间存在审美意义的追问与诊断,以致忘却了课程与人的关系并非二元对立,进而导致了师生诗意生存的遮蔽与审美贫困,使教师与学生难以倾听诗意的召唤而陷入生存的无根基状态。

从美学的角度来看,课程并非一种机械的操作手册、技术工艺或是预先决定的道路、固定现成的结果,而是更加注重在这个复杂对话的旅途过程中体验未预

期、惊奇、愉悦、混沌等美学特质。那么,将课程视为审美经验,有助于深度挖掘课程内在的充满美感特征的艺术品质,其重要的意义在艾斯纳看来:我们能够经验到世界更幽微、更奥秘复杂的方面,通过促进我们的想象力,使其成为探索新的可能性的一种手段,使我们从文字的字面意思中解放出来,并最终帮助我们发现勾勒出情感性自我。①

通过将课程理解为美学文本,不仅意味着课程观的改变,更深层次意味着个人与课程的关系改变,唯有以诗性、审美态度审视课程,才得以深度理解、体悟课程作为审美经验的审美维度,个体也才得以获得审美意识的觉醒。如课程学者陈伯璋与张盈堃所言:"课程美学所要彰显的,唯有教师与学生都能够投入学习活动中,课程才是活的课程,学习者才能找到意义。因此这种透过美感感悟的相互引领,就像全面的觉醒这种自主性的获得。"②所谓审美意识,是人类一项有审美意向性的自觉状态,是课程生活中师生能够自觉表现出来的审美意向性。唯有通过教师审美意识的全面觉醒才能领略作为审美经验的课程呈现自身时的惊奇与美感。无疑,师生审美意识的觉醒是确保课程实现审美经验的前提。

我国传统哲学所理解的审美意识乃是一种"人与世界的交融,用中国哲学的术语来说,就是'天人合一',这里的'天'指的是世界万物。人与世界万物的交融或天人合一不同于主体与客体的统一之处在于,它不是两个独立实体之间的认识论上的关系,而是从存在论上来说,双方一向就是合而为一的关系"③。显然,这种人与世界的交融在课程场域便意味着:人与课程的融合。课程并非是工具性、技术性、对象性的存在,不再被视为"被给定的"——被客观定义、无法改变且视为理所当然,而是能够与师生融为一体地体现情境融合的复杂性的情境性存在。激发教师审美意识旨在拓展教师的想法与思维,引导其能够敏感察觉到未知、模糊的课程维度,提升其对课程审美价值与美学本质的深层领悟与解读。如

① 艾利奥特·W.艾斯纳.艺术与心灵创造力[M].朱珺,译.北京:中国社会出版社,2016:10-11.

② 陈伯璋,张盈堃.来自日常生活的教育学院:社区、课程与美学的探究[J].教育与社会研究,2007(12):41-72.

③ 张世英.哲学导论[M].北京:北京大学出版社,2002:112.

玛克欣·格林所言：与审美相遇，能打开反思与重组的空间，透过审美以及从美学角度所经验的课程，可以激起对于支持合理化及其存在于世界的诸多理解的质问。[①]“假如能获得美感，那么非此即彼的二元对立就会消失，我们就能拥有多元的观点与真实。在非此即彼的二元对立冲突的世界中，我们需要尽可能地以不同的角度洞察世界，感受世界上鲜活经验的‘多元实在’或‘意义的领域’。”[②]也即是说，审美意识的觉醒意味着教师采取一种“陌生人”的态度，像“艺术家”一样与学生一道始终保持积极、诗意、惊奇与探究的态度观看自己的生活世界，[③]运用判断、觉察、体悟、惊奇以及想象等多重美学思维，质疑被客观定义、被常规化的“课程”，揭示课程中被忽视、遗忘的美学品质。教师便在这一场审美意识全面觉醒的旅途中成了艺术家的角色与身份，这一角色促使教师能够对未预期到的、创造性的内涵留有余地，避免将他们的“教育智慧”凝结成机械的、常规化的行为。[④]概言之，教师唯有通过审美意识的觉醒与作为艺术家身份的复归，才能弥合理智与审美的割裂、重构一般方法与个人艺术的关系，进而创生出作为美感经验、艺术作品的课程，并在这一过程中最终实现自由。

师生审美意识的觉醒开启了课程与审美的对话，开启了课程中诗意的觉醒与存在的澄明之境，唤醒了教师与学生在课程之境存在之思的呼唤。通过美学理论与课程美学本质的挖掘及诗意的救赎思想，切合现代课程理论的现代性问题症候。进而，从美学的角度理解课程与人的关系，师生诗意地栖居，乃是师生在课程场域内的存在方式。近现代思想史上，众多的哲人对人诗意地栖居的生存状态都满怀期望。尤以近代德国哲学诗人、古典浪漫派诗歌的先驱荷尔德林(Johann F.Hölderlin)最为推崇，他断言“人诗意地栖居在大地上”乃人之本真的生存状况。这个极富人文精神与浪漫情怀的期待蕴涵着人类获得解放的深情，

① Maxine Greene. Curriculum and Consciousness [J].Teachers College Record, 1971 (3): 66-71.

② 洪咏善.教学的美感经验如何可能？[J].中等教育,2010(61)4:130-141.

③ Maxine Greene. Teacher as Stranger: Educational philosophy for the modern age [M]. Belmont, CA: Wadsworth Publishing Company, 1973:268-269.

④ William F. Pinar, William M. Reynolds, Patrick Slattery, Peter M. Taubman. Understanding Curriculum: An Introduction to the Study of Historical and Contemporary Curriculum Discourses [M].New York: Peter Lang Publishing, 1995: 582.

因而被后来的德国另一位哲学家马丁·海德格尔一再引用并获得深度诠释。海德格尔认为荷尔德林是最纯粹的诗人,他受诗的天命的召唤,直写诗的本质,他既是一个诗人,又是一个思想家。海德格尔在阐释荷尔德林的诗时指出:"这种被控制、压迫的课程与人的关系都没有触着人在这片大地上的栖居的本质,所有这些都没有深入人类此在的根基。人类此在其根基上就是'诗意'的。"[①]人的现世生活与生命只有诗化了,才能使栖居成为现实。无疑,"诗意"是师生的根基,他们的所思、所想,不是纯概念化的,本身不能被控制,而是"艺术的""审美的"与"诗意的"。

那么,诗意地栖居成为美学取向课程理解的意义追求,是一种无技术的逍遥还是一种排斥必然性呢?审美意识的觉醒与诗意的栖居意味着要激发师生好奇心、感受力与想象力,课程作为审美经验旨在唤醒课堂教学实践的美学本质,其意义并非降低课堂教学的不确定性,也非追求控制课堂教学的方法与技术,而是能够质疑课堂教学中被客观定义、被视作理所当然的标准化、普遍性的方法、技术,进而以判断、觉察、体悟、惊奇以及想象等多重美学思维与其保持距离,并加以审视,揭示课堂教学中被忽视、遗忘的品质,为课程创造更多的可能性。对此,我们认为诗意是一种对必然性的超越,逐而迈向"自由的境界"与"自在的境界"。这种"自由""自在"并不是弃绝技术,不仅如此,此种"自由""自在"之所以可能,要以技术为前提。师生诗意地栖居,意味着教师与学生成了栖居在课程之中的"诗人"或"艺术家",而他们之所以成为"诗人""艺术家",不是因为他们有什么"特别之处",而正是因为他们没有(或"取掉")什么"特别之处";"人"本来就是"诗意地存在着",只是一般人常"忘了"这个"本来"之处,而"记得"这"本"的,反倒显得"特别"起来。[②]同时,在美国教育哲学家玛克欣·格林看来,追求诗意的栖居意味着:教师不应沉浸在不假思索的职业文化的"常识"中,而这种习以为常、仪式化的生活本身会抵消教师的敏感性与自我意识。面对日常生活的现实而是

① 马丁·海德格尔.荷尔德林诗的阐释[M].孙周兴,译.北京:商务印书馆,2014:46.
② 叶秀山.美的哲学[M].北京:世界图书出版公司,2010:45.

要采取“陌生人”的态度，像“艺术家”一样与学生一道始终保持积极、诗意、惊奇与探究的态度观看自己的生活世界，进而唤醒自身与学生的自我意识的全面觉醒。[①]进而，课程成为师生自我美感创造以及诗意发现之旅，发现自我的图景进而提升课程意识，成为师生创造性、想象性地思考自身的栖居与存在，进而抛弃效率地、控制地栖居的工具理性，最终走向人的自由与解放的审美救赎。

二、恢复课程与审美经验的联结，课程实现审美化

居于主导地位的课程开发模式充斥着科学、理性的思维与语言，并通过效率主义或控制主义的课程价值观、客观主义的课程知识观以及技术主义的方法论，课程生活彻头彻尾地呈现出理性化、科学化的至上与崇拜。课程彻头彻尾地呈现出理性、科学单向度的霸权以及审美维度的消逝。从美学的立场，恢复美感经验与课程的连接，实现完整性、完满性的课程乃是美学的使命。对此，课程作为审美经验的价值诉求在于日常课程生活的审美化，并凭借于此实现现代课程理论的审美救赎。所谓课程生活的审美化，在杜威看来正是美学的使命，因为课程生活中的各种经验是相当杂乱、分离而没有“美感”与“审美”，而美学探究都与人类生活经验有关，美学的使命则立足恢复美感经验和日常生活经验之间的联结性。进而，艺术、美学从象牙塔走进现实生活，承担日常生活的审美化使命。换言之，“课程美学，意味的是回到‘美学作为感受之学’的根本定义，也就是再度关注‘经验如何重构’的问题，强调以动态的方式，重新回到对世界的体验，以及对某种强度感受与情感的表达，那么如何审美地重构经验、如何开启生活世界中日常生活内的差异空间，使得具有审美强度的感受、体验与表达再度可能，或许正是课程美学实践的核心问题”[②]。概言之，在课程诸多要素的互动、对话中生成美感经验，使课程成为一种具有美感的“完整经验”，这一审美化的思路，暗示了课

① Maxine Greene. Teacher as Stranger: Educational philosophy for the modern age [M]. Belmont, CA: Wadsworth Publishing Company, 1973:268-269.

② 陈伯璋.课程美学[M].台北:五南图书出版公司,2011:37.

程都可以具有审美性和艺术性，甚至都可以成为“审美经验”，进而实现课程的审美功能。

实现课程与美感经验的连接旨在确保课程中每一个经验本身都具有连贯性、连续性、完整性，遂具有审美性，最终成了“完整的经验”。这一美学使命实际上是一种生活美学的艺术哲学。那么，按照杜威的理解，学校课程或教育生活的审美化实践促使课程中每一个经验本身都具有连贯性、连续性、完整性，因此具有审美性。而且，审美经验并非是艺术独有的特征，并且“审美经验的仅有而独有的特征正在于，没有自我与对象的区分存乎其间，说它是审美的，正是说有机体与环境相互合作以构成一种经验的程度而言的，在其中，两者各自消失，完全结合在一起”[①]。也就是说，审美经验或教育生活的审美化并非单纯经验与审美的简单叠加，而是有机体和环境之间的相互融通。在经由“做”与“受”、“手段”与“目的”的交互作用，并具备连贯性、完整性和清晰性等特征，才成为“完整的经验”。概言之，从日常生活中提炼出美感的性质，进而使日常生活中的经历成为一种具有美感的“完整经验”，审美成为成功解决问题的完整经验。这一审美化的思路，暗示了人类教育生活都可以具有审美性和艺术性，甚至都可以成为“审美经验”。

通过恢复课程与审美经验的连接，进而实现课程美学的审美救赎功能。正如德国哲学家马克思·韦伯(Max Weber)所言:“无论怎样来解释，艺术都承担了这一世俗的救赎功能，即它提供了一种从日常生活的刻板，尤其是从理论的和实践的理性主义的压力中解脱出来的救赎。”[②]显然，实现课程生活的审美化，实际上是一种生活美学的美学原理。美学取向的教育立场的起点、过程、终点与再循环，都在真实的生活之中。对此，我们日常课程生活审美化的实现并非单纯指向艺术本位课程或教学的原则与规律，或者如何教学的艺术，而是美的课程与教学的生成与实现。而应超越学科本位美育思维，突破学科本位的艺术课程的片面

① John Dewey. Art as Experience[M].New York: The Berkley Publishing Group, 1934: 249.

② 周宪.美学是什么[M].北京:北京大学出版社，2002:337.

性与狭隘性，处理好知识与生活、学科与儿童的经验关系，实现经验转化，用审美、艺术的态度去对待课程生活，探究日常课程生活场域中师生建构美感生活与审美经验的可能与契机，最终促使学校课程实现美育功能。课程也将由此成为审美经历，成为"一趟充满着主动学习契机的'灵性旅程'，在这学习的旅程中，主客体以美感作为沟通与对话机制，以'经验与分析'重现'诠释与理解'，课程与教学不再是冰冷的知识传递，而是师生互通融贯的共同创造之旅"①。

三、凸显课堂教学的艺术创作，教学成为诗性智慧的生成

以美学的视野理解课程，课程实施必然充满灵性、诗意，遂而有必要凸显课堂教学中艺术创作之维度。然而，居于主导性的课程开发模式将技术理性推向极致的同时，旨在寻求统一性、程序性以及公共性的教学方法，却遮蔽了教学实践中的艺术创造，更重要的是忘却了对教学与个人存在之间诗性意义的追问与诊断。主导性的课程开发模式深陷技术理性方法论的桎梏，"倾向于'技术—控制'的开发模式，关注课程开发的技术问题，通过严格控制课程过程中各个要素实施课程，课程便由此被简化为一个线性的、封闭的、稳定的、工艺学的操作流程"②。显然，技术理性规约下，课程方法成了固定性、模式性、程序性以及确定性的技术，课程的方法维度便成了纯粹的程序化、技术化，并失去了灵性、想象力等艺术向度与审美价值，教师的个性与创造性也遭致遮蔽。显然，一旦方法与艺术彼此分离，方法便会异化为方法主义或技术主义。在杜威看来："方法便成了枯燥的常规，机械沿袭指定的步骤。"③异化为方法主义的方法实际上仅仅关注到了方法的技术层面、一般(general)层面或其工具价值。而方法本身是"为了某种目的运用某种材料的一个有效的途径。即便熟练地运用公认的技术的能力，也并

---

① 陈伯璋.课程美学[M].台北:五南图书出版公司,2011:1.

② Peter.T. Knight. Complexity and Curriculum: A process approach to curriculum-making.[J]. Teaching in Higher Education, 2001(6):373-374.

③ John Dewey. Democracy and Education: An Introduction to the Philosophy of Education[M].New York:The free press,1916:169.

不能确保艺术的产生。因为艺术的作品依赖于有生机的观念”①。这就是说,“一般的方法并非与个人知识、艺术维度相对立,方法和胡乱的、考虑不周的行动是对立的,所谓考虑不周就是不适应”②。这就是说,根据杜威的理解,方法的内在价值并非与艺术截然分离,而恰恰需要艺术,才得以确保方法的生机、灵活。在艾斯纳看来,如果仅是用一般方法的机械执行,来获得预定结果的过程,实际上是一种工艺(craft)取向的方法论。对此,教师有必要作为艺术家对未预期到的、创造性的内涵留有余地,避免将他们的“教育智慧”凝结成机械的、常规化的行为。这是一种融合艺术的方法论,即在过程中利用技能通过行为来发现目标。③

杜威与艾斯纳对方法以及方法与艺术的关系的理解,体现了现代课程理论方法理解的技术理性的重建之路。课程并非是按照预设流程、固定技术等工具理性承诺下的技术存在或“现成”“物化”的工艺品,而是基于教师个人审议、情境决策或施瓦布所理解的实践的艺术与折中的艺术,与学生共同创造性、生成性地呈现学科知识或教育经验的艺术作品。教学中的艺术创作体现了教师的创造意图、审美情趣与情感体验,表明了课程是人工艺术创造的复杂性的结合体。也就是说,教学成为艺术作品,取决于作为艺术家的教师角色的自觉,从而得以一步步地向自身审美世界敞开,释放审美、灵性与想象力。正如艾斯纳所言:教学“经历都带有无可辩驳的美学特征。在课堂上,教师所做的——妥善安排活动、提问、讲授——构成了一种艺术的表达形式。……教师与画家、作曲家、演员和舞蹈家一样,他们很大程度上要根据课程活动展开的性质做出判断,调整自己的行为。”④

对此,美学取向课程理解重估技术主义方法论的限度,认为课程与教学中的方法不单纯是一个理性、技术问题,还包含艺术性、诗性等美学维度。一旦方法与艺术彼此分离,方法便会异化为方法主义或技术主义。进而,一般方法的内在价

① John Dewey. Democracy and Education: An Introduction to the Philosophy of Education[M].New York:The free press,1916:171.

② John Dewey. Democracy and Education: An Introduction to the Philosophy of Education[M].New York:The free press,1916:171.

③ William F. Pinar, William M. Reynolds, Patrick Slattery, Peter M. Taubman. Understanding Curriculum: An Introduction to the Study of Historical and Contemporary Curriculum Discourses [M].New York: Peter Lang Publishing,1995: 582.

④ 艾利奥特·W.艾斯纳.教育想象——学校课程设计与评价[M].李雁冰,译.北京:教育科学出版社,2008:161.

值在于强化个人艺术,而一般方法与个人艺术相互渗透、交汇,一般方法便被转化与生成为诗性智慧,进而深度弥补技术理性方法论中审美、艺术维度的缺失。诗性智慧也自然基于理性的方法与技术,并在课程实践中突出教师审美、教学机制以及个人想象力,进而确保课程成为美感经验。课程作为审美经验,教学便并非意味着客观知识的堆积与理性程序的推演,而是一个完整美感经验酝酿、生成、表达与实现的过程。期间,教师有必要重新协调方法与艺术、理性与想象、具体与抽象、预设与弹性等关系,运用实践智慧、审美意识、想象性推断与自觉性猜测,引入更多的可能性与弹性,赋予课堂教学中每一个情境以美学意义的临场创造。

当课堂教学中想象、创意、灵性与敏感等艺术维度居于教学的核心,教学便成了教师的诗性智慧。所谓诗性智慧是人类生而具有的想象力、创造力、记忆力、察觉力和好奇心等特质,自古以来一直是儿童学习的主要课程。但过度强调理性主义,却阻碍了诗性智慧的发展。①意大利哲学家、语言学家和历史学家维柯(Giambattista Vico)早在三百多年前就指出,当时社会本来就是诗性的,诗性智慧是先民的认知方式、思维方式以及生存智慧。如他指出:诗性智慧与形而上学是同时开始的,但与当时理性的抽象的形而上学不同,它是从原始人类应该有的感觉和想象发展出来的,它们没有推论的能力,但充满着敏锐的感觉和丰富的想象力。②维柯曾举例分析原始人思维中的诗性智慧:"人们在认识不到产生事物的自然原因,而且也不能拿同类事物进行类比来说明这些原因时,人们就把自己的本性移加到那些事物上去,例如俗话说:'磁石爱铁'。……诗的最崇高的工作就是赋予感觉和情欲于本无感觉的事物,儿童的特点就在把无生命的事物拿到手里,去和它们交谈,仿佛它们就是些有生命的人。"③之所以提出"磁石爱铁"是因为原始人从自身生活出发,注意到关系密切的人之间爱意的存在,进而用来解释磁石与铁之间的关系。"诗性智慧"代表了人类早期的思维方式,原始人凭借

---

① 欧用生.诗性智慧及其对课程研究的启示[J].课程与教学季刊,2007(10)3:1.

② 小威廉·E.多尔,M.杰恩·弗利纳,唐娜·楚伊特,约翰·圣·朱利恩.混沌、复杂性、课程与文化:一场对话[M].余洁,译.北京:教育科学出版社,2014:4.

③ 维柯.新科学[M].朱光潜译,北京:人民文学出版社,2008:97-98.

想象、感觉和情感来认识世界，而非用逻辑分析、推理归因等量性方式认识这个世界。在中国的传统诗性文化中，人们的思维也体现出诗性智慧的某些特质，如重类比、象征、推崇想象、整体直观等。“它反映了人类内心潜藏的‘原型’(archtypes)，和复杂的心灵层面，是暗默的，但能展现无比的力量。”①但随着启蒙运动的发展，人类知识的发展，诗性智慧却在科技理性、科学范式的冲击下逐渐消失。“科学的语言剥夺了我们的诗性的灵感，它用图表、数字或运动来解释自然世界，而非用嗅觉、味觉或声音来解释，科学的语言将我们从灵感的诗性智慧中分离，将思考从我们的身体分离，意义全被科学限制了。”②直到1970年以后，随着“语言学转向”，诗性智慧才引起哲学、教育学学者的注意。他们不断呼吁：“今天需要一种新的认识论，新的思考方式和新的知觉形式，以探讨人类经验中隐含的、神秘的层面，关心人的独特性，价值的形成，经验中意义的定位，正义和公道等议题。”③如上世纪60年代，美国著名课程论专家德韦恩·休伯纳就曾批评：“教室中的课程语言偏重科学的(技术的)或政治的(解放的)语言，今后要加强诗性智慧的(道德、美学、形而上学的)语言，以追求新的可能性。”④近期，美国课程学者小威廉·E.多尔、M.杰恩·弗利纳(M.Jayne Fleener)等人重新评价了维柯关于诗性智慧的研究，发现复杂理论、后现代科学等与诗性智慧存在密切关联，“对新科学的探究通过提供给我们一种深具关联性、系统性与意义的研究途径来突破现代主义对量化、测量与确定性过多倚重而带来的局限，从而使我们潜在地重新建立起与自身的自然、神秘、灵性的隐喻认知方式之间的联系”⑤。

课程作为审美经验旨在正视诗性智慧在人类思维中的功能与意义。诗性智慧通过洞见、直觉、创意、想象、灵性、艺术来超越理性与技术，是理性与审美的交

① 欧用生.诗性智慧及其对课程研究的启示[J].课程与教学季刊，2007(10)3:2.

② 欧用生.诗性智慧及其对课程研究的启示[J].课程与教学季刊，2007(10)3:3.

③ 欧用生.诗性智慧及其对课程研究的启示[J].课程与教学季刊，2007(10)3:2.

④ Dwayne Huebner. Curricular language and Classroom Meanin. In J.B.Macdonald & R.R.Leeper (Eds.), Language and meaning.Washington, D.C.:Association for Supervision and Curriculum Development. 1966:8-26.

⑤ 小威廉·E.多尔，M.杰恩·弗利纳，唐娜.楚伊特，约翰.圣.朱利恩.混沌、复杂性、课程与文化:一场对话[M].余洁译.北京:教育科学出版社，2014:8.

汇与融合,表现为审美是对必然性的超越,诉求于外在的技术主义转向个人艺术创作的审美经验。简言之,诗性智慧强调课程中的方法即超越方法主义,朝向审美与艺术的探求。因此,充满艺术性的方法本身融合理性与审美、方法与艺术的鸿沟进而表现为一种诗性智慧。对此,正如休伯纳指出:"我们需要一种诗性智慧的语言,以便将灵性和诗性智慧放进生活的结构内,将生命的活力和创造力放入课程内。"①同时,对课堂教学的诗性智慧维度的挖掘与思考本身在于对课堂教学本质与意义的深化与拓展。因为,从美学的角度来看,课堂教学本身并非是一个决断性的理性、技术、方法的过程。被忽视、隐藏的另一面才是当前最值得关注与提倡的,即艺术创作与诗性智慧这一维度。提倡教学的诗性智慧,旨在为教师的想象、艺术创造维度正名,因此,正如欧用生教授指出:"教师要从经常压抑他们的社会、经济和行政的限制中解放,从没有想象的实际、政策、处方、原则和政治家解放,从更有艺术性(artistic)的视野来执行他的责任,艺术家不是毫无心思地遵循法则、规则或方向,而有形式和自由做他们想做的事;相同地,教师不是'盖橡皮图章的人'或'照相师',需要热诚、想象、技术和前瞻,并有一系列的复杂的、暗默的理解、洞见、态度、判断和活动,用大指挥家的技巧统整忙碌的学习和生活经验,让学习达到出神入化的境界,这正是杜威说的'教学即艺术'的意涵。"②进而,教学成为师生美感创造以及诗意栖居之旅,这一旅程中师生通过创造力、想象力、洞察力和好奇心等美学特质的自觉,思考自身的栖居与存在,进而抛弃效率主义、控制主义的工具理性,诉求于解放理性,并最终走向师生的自由与解放的审美救赎。进而,凸显教学中的艺术创作与诗性智慧,课堂教学成了一项艺术作品,进而课程实现了审美经验,"教学的艺术性之所以非常重要,不仅是因为教师在课堂中的教学艺术会给孩子们提供重要的艺术经验,而且还可以提供一种鼓励探究和冒险,并培养孩子们去经历的氛围"③。

---

① Dwayne E. Huebner. Spirituality and Knowing [A]. Elliot W. Eisner. Learning and Teaching: The Ways of Knowing[C].Chicago, IL: The University of Chicago Press, 1985:159-163.

② 欧用生.寻找教学的诗性智慧[J].研习资讯,2009 (26):4.

③ Elliot W. Eisner. The Educational Imagination: On the Design and Evaluation of School Program[M]. Upper Saddle River, NJ: Pearson Education, Inc.1979:160.

第五章　审美经验的课程建构

以上是从美学取向课程理解的角度，着重探讨了课程作为审美经验的内涵、依据以及意义等理论问题。这是本研究的前半部分。美学取向课程理解在实践中如何建构、实施与评价，也就是说，课程作为审美经验的建构、实施与评价等实践问题，实际上指向了审美经验的课程如何建构、实施与评价。

一、审美经验的课程目标设计

课程目标是指课程要实现的意图与预期，是对学生在课程学习结束后所要达成的结果的基本规定。可以说，课程目标是课程设计与开发的出发点甚至是灵魂。“美感经验既然攸关生命品质之提升，而生命品质又是教育关切的焦点，显见美感陶冶应在教育过程中具有举足轻重之地位。”[①]那么，有必要从目标的角度探究审美经验的课程目标设计。

（一）审美目标的实体化与阶段化

早在18世纪末，德国诗人席勒就指出：“想使感性的人成为理性的人，除了首先使他成为审美的人以外，再没有其他的途径。”换一种表达就是：人之成为人的本质在于审美，唯有通过审美才能摆脱理性、感性的压抑或奴役。唯此，人才能获得自由。“审美活动可以使人摆脱实用功利的和理性逻辑的束缚，获得一种精神的自由。审美活动又可以使人超越个体生命的有限存在和有限意义，获

①林逢祺.教育规准论[M].台北:五南图书出版公司,2004:175.

得一种精神的解放。"[①]正如马尔库塞指出:"他诊断出文明的病症就在于人类的两种基本冲动(感性的冲动与形式的冲动)之间的对立,以及对这种对立的残暴'解决':以理性压抑的专制既存体制去压倒感性。所以,对立着的冲突的和解,就涉及取消这个专制——也就是说,恢复感性的权利。……换言之,拯救文明将包括废除文明强加于感性的那些压抑控制。"[②]

然而,对于哲学家关于审美对于人生存与发展中的价值与意义,我国课程与教学目标却并未重视。我国课程与教学目标的传统一直关注"双基",即基础知识与基本技能。基于"双基"所形成的课程与教学理论,简称为"双基论"。"'双基论'把中小学的学科看成是科学的浓缩。科学是关于自然、社会和思维的知识体系,它是一个系统。学科既是科学的浓缩,也应是一个系统。这样,科学和学科可以比作两个重叠的大小金字塔,而作为中小学教学内容的'双基'只是小金字塔的塔底。"[③]针对双基的学科本位、知识中心及其所引发"应试倾向"与"学生消逝",2001年基础教育新课程提出了"知识与技能""过程与方法""情感、态度与价值观"三个维度的目标,简称"三维目标"。关于"三维目标"的具体解释,我们参考《基础教育课程改革纲要(试行)》的首席专家所做的权威解释:第一维目标(知识与技能)意指人类生存所不可或缺的核心知识和基本技能;第二维目标(过程与方法)的"过程"意指应答性学习环境与交往体验,"方法"指基本学习方式和生活方式;第三维目标(情感态度与价值观)意指学习兴趣、学习态度、人生态度以及个人价值与社会价值的统一。[④]显然,"三维目标"是一个整体,在课程教学中,课程目标既不能离开了过程与方法、情感态度与价值观去割裂性地获得知识与技能,否则这样的知识学习便异化为知识灌输。当然,也不能脱离知识与技能去空谈过程与方法、情感态度与价值观的发展。无疑,"三维目标"是一个整体,不可分割。从"双基"到"三维目标",不仅体现了对整体人的追求的教育哲学,同

① 叶朗.美学原理[M].北京大学出版社,2009:405.

② 赫伯特·马尔库塞.审美之维——马尔库塞美学论著集[M].李小兵,译.北京:生活·读书·新知三联书店,1989:60.

③ 汪潮,吴奋奋."双基论"的回顾与反思[J].课程·教材·教法,1996(12):5-9.

④ 钟启泉."三维目标"论[J].教育研究,2011(9):62-67.

时还体现了对学科内在价值的现代理解。因为，任何学科的构成总是包含了知识、方法、价值这样三个层面的要素："其一，构成该学科的基础知识和基本概念的体系；其二，该学科的基础知识和基本概念体系背后的思考方式与行为方式；其三，该思考方式与行为方式背后的情感、态度与价值观。换言之，它囊括了理论概念的建构，牵涉知、情、意的操作方式和未知世界的方略。"[①]显然，"三维目标"，尤其是其中的"情感、态度与价值观"这一维度目标，开始关注到知识教学对于人的情感体验、充盈、精神成长、价值观升华的内在价值的关注，开始有了审美的韵味。针对这一维度的情感目标，《教育大辞典》中还指出这一层次的目标包括："包括思想、观点和信念。如价值观、审美观等。"[②]对此，我们选取2011年由教育部制定，2012年由北京师范大学出版社发行的除艺术学科、艺术课程之外《义务教育课程标准》的学科课程标准中关于"情感、态度与价值观"的表达：

表5-1　2011年版《义务教育课程标准》对课程目标中的"情感、态度与价值观"的表述

语文	●在语文学习过程中，培养爱国主义、集体主义、社会主义思想道德和健康的审美情趣，发展个性，培养创新精神和合作精神，逐步形成积极的人生态度和正确的世界观、价值观。 ●培育热爱祖国语言文字的情感，增强学习语文的自信心，养成良好的语文学习习惯，初步掌握学习语文的基本方法。 ●具有独立阅读的能力，学会运用多种阅读方法。有较为丰富的积累和良好的语感，注重情感体验，发展感受和理解的能力。
数学	●积极参与数学活动，对数学有好奇心和求知欲。 ●在数学学习过程中，体验获得成功的乐趣，锻炼克服困难的意志，建立自信心。 ●体会数学的特点，了解数学的价值。 ●养成认真勤奋、独立思考、合作交流、反思质疑等学习习惯。 ●形成坚持真理、修正错误、严谨求实的科学态度。

① 钟启泉."三维目标"论[J].教育研究，2011(9):62-67.

② 顾明远.教育大辞典:修订合编本(上)[M].上海:上海教育出版社，1998:898.

续表

英语	●国际视野。 ●祖国意识。 ●合作精神。 ●自信意志。 ●动机兴趣。
品德与生活	●爱亲敬长,爱集体、爱家乡、爱祖国。 ●珍爱生命,热爱自然。 ●自信向上,诚实勇敢,有责任心。 ●喜欢动手动脑,乐于想象与创造。
品德与社会	●珍爱生命,热爱生活,养成自尊自律、乐观向上、勤劳朴素的态度。 ●爱亲敬长,养成文明礼貌、诚实守信、友爱宽容、热爱集体、团结合作、有责任心的品质。 ●初步形成规则意识和民主、法治观念,崇尚公平与公正。 ●热爱家乡,珍视祖国的历史与文化,具有中华民族的归属感和自豪感,尊重不同国家和民族的文化差异,初步形成开放的国际视野。 ●具有关爱自然的情感,逐步形成保护生态环境的意识。
历史与社会	●认同社会主义核心价值观,逐步树立走中国特色社会主义道路的信念。 ●逐步形成资源环境意识和社会责任感,确立可持续发展的理念。 ●逐步增强国家认同感、归属感和自豪感。 ●学会尊重文明多样性,欣赏不同民族和区域的人文特色。 ●享受历史与社会相关问题探究的乐趣,形成积极进取的学习态度。
地理	●增强对地理事物和现象的好奇心,提高学习地理的兴趣以及对地理环境的审美情趣。 ●关心家乡的环境与发展,关心我国的基本地理国情,增强热爱家乡、热爱祖国的情感。 ●尊重世界不同国家的文化和传统,增强民族自尊心、自信心和自豪感,理解国际合作的意义,初步形成全球意识。 ●初步形成尊重自然、与自然和谐相处、因地制宜的意识及可持续发展的观念,增强防范自然灾害、保护环境与资源和遵守相关法律法规的意识,养成关心和爱护地理环境的行为习惯。

续表

化学	●初步建立科学的物质观，增进对"世界是物质的""物质是变化的"等辩证唯物主义观点的认识，逐步树立崇尚科学、反对迷信的观念。 ●感受并赞赏化学对改善人类生活和促进社会发展的积极作用，关注与化学有关的社会热点问题，初步形成主动参与社会决策的意识。 ●增强安全意识，逐步树立珍惜资源、爱护环境、合理使用化学物质的可持续发展观念。 ●初步养成勤于思考、敢于质疑、严谨求实、乐于实践、善于合作、勇于创新等科学品质。 ●增强热爱祖国的情感，树立为中华民族复兴和社会进步学习化学的志向。
生物	●了解我国的生物资源状况和生物科学技术发展状况，形成爱祖国、爱家乡的情感，增强振兴祖国和改变祖国面貌的使命感与责任感。 ●热爱自然，珍爱生命，理解人与自然和谐发展的意义，提高环境保护意识。 ●乐于探索生命的奥秘，具有实事求是的科学态度、探索精神和创新意识。 ●关注与生物学相关的社会问题，初步形成主动参与社会决策的意识。 ●逐步养成良好的生活与卫生习惯，确立积极、健康的生活态度。
物理	●有学习物理的兴趣，有对科学的求知欲，能保持对自然界的好奇，乐于探索自然，能领略自然界的美妙与和谐，对大自然有亲近、热爱及和谐相处的情感。 ●有将科学技术应用于日常生活、社会实践的意识，乐于探究日常用品或新产品中的物理学原理，乐于参与观察、实验、制作、调查等科学实践活动，有团队精神。 ●有克服困难的信心和决心，能总结成功的经验，分析失败的原因，体验战胜困难、解决物理问题时的喜悦。 ●养成实事求是、尊重自然规律的科学态度，不迷信权威，勇于创新，有判断大众传媒信息是否符合科学规律的初步意识，有将自己的见解与他人交流的意识，敢于提出与别人不同的见解，勇于放弃或修正不正确的观点。 ●关注科学技术对社会发展、自然环境及人类生活的影响，有保护环境及可持续发展的意识，能在个人力所能及的范围内对社会的可持续发展做出贡献，有将科学服务于人类的意识，热爱祖国，有振兴中华的使命感与责任感。

基于上述课程标准中关于“情感、态度与价值观”中的表述，我们可以看出：一方面，直接涉及审美问题仅有三处，选用了着重号进行了标注，这些学科分别是：语文课程的“审美情趣”、地理课程的“审美情趣”以及物理课程“美妙与和谐”。然而，“审美情趣”过于笼统、宽泛与概括。所谓审美情趣，又称为审美趣味(aesthetic taste)，[①]“审美趣味是一个人的审美偏爱、审美标准、审美理想的总和。审美趣味集中体现了一个人的审美观(审美价值标准)”[②]。简言之，审美情趣主要是一个人的审美取向，所以，审美情趣在审美价值标准区分的意义上，便可以区分高雅与低俗、健康与病态、美与丑，等等。虽然，审美趣味与审美能力有联系，但不能把二者等同起来。对此，我们可以明确判断“三维目标”忽视了审美感受的提升、想象的激发以及鉴别能力的培养等审美维度。

另一方面，间接涉及审美问题，是以“情感”等话语表达为核心，很多学科课程标准都多次提到情感体验、好奇心、求知欲、乐趣、态度、珍爱、热爱、归属感、自豪感、责任感、认同感等关键词。关注学生的情感范畴，并将其视为关注审美的一种路径，其背后则是审美教育的本质乃情感教育的理解。我国两位美育的首创者王国维和蔡元培都持这种观点。王国维在1903年所写的《论教育之宗旨》一文中指出：人的精神能力有三种，“即知力、感情及意志是也。对此三者而有真美善之理想……教育之事亦分为三部：智育、德育(即意志)、美育(即情育)是也。……完全之教育，不可不备此三者”[③]。蔡元培于1930年指出：“美育者，应用美学之理论于美育，以陶养感情为目的者也。”[④]将审美指向情感是情感得以提升审美的美学基础。王国维、蔡元培都服膺于康德美学。康德把人的心理分成三个部分，即认识论(知)、伦理学(意)和美学(情感)，同这三个部分相对应的是三种心理机能，即悟性、理性和判断力。对此，康德分别撰写了三部著作分别研究这三种心理机能。但值得注意的是，在康德那里美学是关涉情感领域的，但不是以情感为

---

① 朱立元.美学大辞典(修订本)[M].上海：上海辞书出版社，2014:93.

② 叶朗.美学原理[M].北京：北京大学出版社，2009:411.

③ 舒新城.中国近代教育史资料(下册)[M].北京：人民教育出版社，1961:1008.

④ 引自：曾繁仁.美育十五讲[M].北京：北京大学出版社，2012.

研究对象的。康德将审美判断力视为美学的研究对象，审美判断力以情感为依据，但审美判断力本身并不是一种情感表达。[①]如前文所述，审美本身需要情感的投入与表现，席勒也提倡美育是试图在理性占主导的文化和教育中保护和发展人的感性，使人能重新获得感性和理性的协调平衡，重建和谐完整的人格。但提升审美，并不能全然等同于情感本身，审美也并非完全是审美情感。“人的情感，是一种非常复杂的生理、心理现象。情感心理至少包括情感体验（喜、怒、哀、乐等）和情感表现（面部表情和体态反应）两个部分。情感心理有其生理基础，即情感的生理机制，这也是不可忽视的。”[②]如果将情感等同于审美目标，其结果必然会引发这样一种现象：“要求课堂发生和经历一般意义上的、与教学内容没有实质牵连的情态体验（比如课堂要活跃，教师要照顾学生的情绪感受，要鼓励学生建立积极的情态体验等）。”[③]显然，培养人的情感乃是审美教育的一个目标，内容之一，而并非全部。这种观点，本身具有合理性，但也有片面性。对审美的理解也狭义化，窄化。审美维度并非是“情感、态度与价值观”。情感这一维度更多是心理学范畴，“从心理学分类角度来看，兴趣、爱好、态度、价值、情感等概念都可纳入情感范畴”[④]。

关于审美，正如康德（Immanuel Kant）所言：“美的艺术就需要想象力、知性、精神和鉴赏。”[⑤]显然，情感诉诸人的感性生命，通过将情感视为课程目标中的一维，“人的存在中有许多东西不是仅靠理性就可以把握的，如情感、想象、无意识等具有非理性成分的心理因素，这些心理因素往往可善可恶。要想使它们都朝着健康美好的方向运动，就必须依靠审美教育。只有审美教育才能越过人的理性和意识而达到非理性和无意识层次”[⑥]。因此，提高审美，意味着美育，而美育作为一种教育人和人自我教育的方式，其中心和目标是为了提高人的生存质量，

---

① 潘必新.论美育的使命[J].哲学研究，2000(6):41.

② 潘必新.论美育的使命[J].哲学研究，2000(6):40.

③ 刘次林.刍议三维目标[J].教育发展研究，2013(15-16):112.

④ 戴忠恒.情感目标的分类及其测量方法[J].心理科学，1992(8):35.

⑤ 康德.判断力批判（注释本）[M].李秋零，译注，北京：中国人民大学出版社，2011:143.

⑥ 徐碧辉.美育：一种生命和情感教育[J].哲学研究，1996(12):59.

培养和发展人的感性能力,包括感受力、鉴赏力、想象力和创造力等,并且对人性进行塑造和改造,除去人性中卑劣污浊肮脏的成分,发扬光大人性中美好光明崇高的一面,使人变得更加完善,使人的世界变得更加美好。概言之,从课程对于学生审美的角度探究当前“三维目标”对审美目标的理解,尝试着关注课程目标中的审美维度,但审美问题在“情感、态度价值观”中“情感”维度中还处于边缘地位,是目标维度中较为薄弱的一环,所以迫切需要在目标中对审美维度的渗透与融合。

(二)审美经验的过程性与生成性

审美经验的课程目标维度体现了审美被视为学校教育哲学的一把筛子。基于以上对审美维度在“三维目标”中的边缘化的分析,有必要融入相关审美维度。那么,审美维度至少包括以下三个层面。

1.提升审美感受力

美最显著的特征是可感知性。美学得以从哲学的卵翼之下独立出来,主要就是凭借它作为研究对象的可感知性。“美学之父”鲍姆加登将“可感知的事物”定义为美学的对象。在西方美学的词源是希腊语aisthesis,意谓感官(感觉认识)(sense perception)。由此可见,西方美学的基本含义便是感觉、感性。此外,席勒所提倡的关于美育的思想实际上企图在理性所主导的文化、教育中保护、培育人的感性,使人能够在感性与理性中获得协调与平衡发展,实现完整和谐的人。所以,从鲍姆加登到席勒时代的命题在于:“其宗旨是保持人的感性自发性、保护生命的活泼和原创力、维护人与自然之间天然的、肉体化的联系;其本义是感性教育,就是在理性教育的同时,对人的感性方面,如感知、想象、情感、直觉乃至无意识等进行教育。”[1]因此,美学既然是感觉之学,审美感受也就成了主体与对象发生审美关系的第一阶段。具备审美感觉力的器官,正是人类能够进行审美活动的基础。具备审美感觉力的人,首先需要审美意识的充分自觉,得以不被理性

---

① 杜卫.感性教育:美育的现代性命题[J].浙江学刊,1999(6):104.

的知识、德性的道德所控制，直观走向世界，与世界发生亲密接触，其次要解放和恢复其感觉力，发展感官敏锐性，使之与无限丰富生动的感觉世界保持密切接触，并获得美感，这是一切审美价值的基本资源。[①]因此，课程目标有必要思考如何提升审美感受力，增强人的审美敏感、敏锐，从而能够感受课程带来的惊奇与奇妙。

2.丰富审美想象力

康德曾指出："想象力是一个伟大的艺术家。"[②]黑格尔认为：想象是主体的创造活动，是最杰出的艺术本领。"艺术家必须是创造者，他必须在他的想象里把感发他的那种意蕴，对适当形式的知识，以及他的深刻的感觉和基本的情感都熔于一炉，从这里塑造他所要塑造的形象。"[③]没有审美想象力的参与，对美的创造和鉴赏便难以想象。因此，审美维度格外强调审美想象力的丰富，审美想象是在审美感受所提供的形象基础上创造出的一种饱含审美主体情感色彩的新的形象。"在审美过程中，想象力是一种意识超越能力，是创造主体与世界自由的观照关系，展开生存的情感之维的能力，因而具有本体论意义。"[④]审美想象的过程饱含"移情"，即将主观情感投射到审美对象上，进而达到一种物我两忘、融为一体的审美意象的"共鸣"境地。

3.培养审美鉴赏力

审美鉴赏力是欣赏、鉴别、判断、评价美丑和进行审美创造的特殊能力。是审美知觉力、感受力、想象力、判断力、理解力和创造力的综合。[⑤]对于审美鉴赏力，康德认为它是与情感结合在一起的无利害的主观判断力，决定着美的存在。黑格尔则指出，它是感性与理性的统一，人将自己的生命灌注于对象，从对象中达到自我实现，由此才能以高度鉴赏力去认识美。[⑥]审美鉴赏力意味着能在接

① 杜卫.美育论(第2版)[M].北京:教育科学出版社,2014:177-178.
② 伊曼努尔·康德.实用人类学[M].邓晓芒,译.上海:上海人民出版社,2005:55.
③ 黑格尔.美学(第1卷)[M].朱光潜,译.北京:商务印书馆,1979:222.
④ 杜卫.美育论(第2版)[M].北京:教育科学出版社,2014:193.
⑤ 朱立元.美学大辞典(修订本)[M].上海:上海辞书出版社,2014:72.
⑥ 朱立元.美学大辞典(修订本)[M].上海:上海辞书出版社,2014:72.

触、欣赏美的事物或审美对象时，做出审美评价，并在这一过程中获得审美经验。这一对美的事物的鉴别、判断能力，不仅依托审美感受的直觉敏感、敏锐性，还表现于分析、综合、判断与理解等深邃的理智活动，同时还依托联想、想象等能动性与创造性，深层次地实现理性与感性的统一。

课程目标中融入审美维度，其中心和目标是为了提高人的生存质量，培养和发展人的感性能力，包括感受力、鉴赏力、想象力和创造力等，并且对人性进行塑造和改造，除去人性中卑劣污浊肮脏的成分，发扬光大人性中美好光明崇高的一面，使人变得更加完善，使人的世界变得更加美好。其意义在于，“课堂教学的任务不仅仅是单一传授某种知识，而是有机地把知识性、趣味性、审美性和道德性融合起来，使学生在轻松愉快的心境中全面地掌握知识，开启智慧，陶冶心灵，培养高尚的人格，得到美与善的滋养”[①]。对于学生而言，课程成为审美经验则意味着我们的“教育应当培养艺术家，而所谓艺术家并不是专指诗人、画家、舞者，而是泛指在各个领域内，得以发展观念、感觉、技巧、想象，以创造出精心构成的、充满想象力作品的人”[②]。这一“艺术家”的身份，区别于专业艺术家，是以艺术、审美的态度对待自然、社会和人生的人。以审美的态度对待自然，得以领略、欣赏绮丽美妙的自然美，得以具备“他者”的意识对待他人与审美的态度，领悟社会美以及以审美的态度、高尚的情感对待自身。[③]

二、审美经验的课程内容开发

课程内容并非单一的知识体系，而是根据一定的课程设计与开发价值取向、理论基础以及课程目标的要求，进行选择、组织的知识与经验所构成的内容体系。那么，课程作为审美经验要求教师在具备课程意识的基础上，使传统教学设计走向课程开发，在课程开发过程中将教科书视为实现课程目标的一种资源、手

① 徐碧辉.美育:一种生命和情感教育[J].哲学研究,1996(12):61.

② Elliot Eisner. What can education learn from art[J].Journal of Curriculum and Supervision,2002(1):4-16.

③ 曾繁仁.美育十五讲[M].北京:北京大学出版社,2012:91-92.

段抑或是工具等,从增强课程内容的审美性进行开发、转化。

(一)课程内容与生活世界融合

课程内容与生活世界相融合,意味着重新发现课程内容的真善美的维度。在叶秀山教授看来,基本的经验世界本就是一个充满了诗意的世界,一个活的世界,但这个世界却总是被"掩盖"着,而且随着人类文明的进步,它的覆盖层也越来越厚,人们要做出很大的努力才能把这个基本的、生活的世界体会并揭示出来。[①]所谓"覆盖"意味着表征主义知识论视域中的以文字、符号为表征的概念、学科思维等。而"在这个生活的世界中,真、善、美的经验,并不像后来那样分成了哲学、道德、艺术、宗教等制度性、学理性的分立学科,但它们之间所显现出来的联系和区分,却是基本的,我们就是要从这种基本的联系和区分中来研究、思考有关'美'和'审美'、'艺术'的基本特征……然而,这个'生活的世界'是一个'活的世界',是要在'生活'中去体验的,而不是用一些'概念'、'范畴'——哪怕是'思辨的范畴'去'建构'一个'知识'体系来'传授',来'学'的。……所以,包括'美学'在内的'人文科学'的任务,不在于用一套现成的教条'灌输'给人,而在于'启发'人自身的觉醒,'回想'起那些被埋藏,隐遁了的世界"[②]。

我们所生活的世界,是我们无时无刻不生活其中、与之打交道的世界。它既不是我们的"主人",也不是我们的"奴隶",而是我们的"邻居"。"我不在世界之外",不是冷眼旁观这个世界。而是"设身处地"的。[③]

课程内容与生活世界相融合,是一种课程知识回归生活世界的开发、设计原则,旨在增强课程内容的审美感受性。也就是说,通过每一门学校学科内容与生活结合,都能展现世界的奇妙,从而增强课程的审美感受性、直觉性与丰富性。按照前文杜威的论述:审美经验的突出特征便在于是自我与对象、自我与世界、自我与情境之间没有区分,融为一体。或者说,审美经验便是源自有机体与环

① 叶秀山.美的哲学[M].北京:世界图书出版公司,2010:46.

② 叶秀山.美的哲学[M].北京:世界图书出版公司,2010:7-8.

③ 叶秀山.美的哲学[M].北京:世界图书出版公司,2010:32-33.

境、情境之间的相互协调、融通,从而得以生成。通过将课程知识与生活世界融合,每一门学科将变得不再是纯粹的知识符号,人与课程的关系不再是抽象的、理性的、符号意义的"文字"关系,而是每一门学科回到所表征的世界经验、人类的经验的面前,任何一种知识本身都体现了生活本质。并且,在其中,实现了对情境的重建,增强了学科知识的经验性、生活性以及情境感。

我国课程实践中的知识观:将知识视为一种能打包(package-able)、自给自足的实体,可由教育者传递给学习者。学习者与现实环境、生活世界相割裂,知与行相互分离,学校关注的仅是抽象的、简化的和去情境化的概念。[①]显然,学校教育"以普遍性知识(general knowledge)为主,这种知识意味着抽象表征(abstract representation)和去情景化(decontextualization)"[②]。在此背景下,"知识被理解为抽象(abstraction)或概括化(generalizability)的常规性的读物"[③]。这一知识观诠释下,知识意味着科学、理性、客观的真理或规律,更重要的是在这一知识观思路下,实现了如海德格尔所言的表示存在者整体的名称——"世界成为图像"。[④]"世界成为图像"意味着我们所喜闻乐见、习以为常并每天与之打交道的世界,不再是色、香、味俱全,五味俱在的复杂、动态、多变以及形形色色的世界本身,而是一幅具备了大小、高低、动静俱全、具有数学的量、物理学的动力机制、生物学以及化学的结构特征等构成的图像形态。这一图像形态成了一个具有科学性、真理性、理论性、封闭性的世界或自然,只有知识而没有生活,没有体验世界。仅从"word"中获得对生活世界的理解,并非从"world"中获得。实际不然,生活世界中的万事万物,乃至细微到一花一草,任何一个学科都难以被全面理解。例如:花朵是哪个学科?显然,从生物学的角度理解,便会运用纲、属等概念。数

①Brown, J. S., Collins, A., & Duguid, P. Situated cognition and the culture of learning[J]. Educational Researcher, 1989, 18(1): 32-42.

② Jean Lave, Etienne Wenger. Situated Learning: Legitimate Peripheral Participation [M]. Cambridge: Cambridge University press, 1991:33.

③ Jean Lave, Etienne Wenger. Situated Learning: Legitimate Peripheral Participation [M]. Cambridge: Cambridge University press, 1991:38.

④(德)马丁·海德格尔.林中路[M].孙周兴,译.上海:上海译文出版社,2004:90.

学,基于数字和图形理解花朵的形状。语文,基于语言描述诗意与审美的花朵。任何一个学科知识,在学科的视野中均难以全面理解生活世界中的花朵。进而,失去对花朵的真实体验与经历。其症结在于学生难以直接地或间接地参与到课程知识之中,生活世界、社会生活等也难以走进学校课程之内,进而导致正规教育的课堂教学变得冷漠和死板,甚至用杜威的贬义词来表达,变得抽象(abstract)和书生气(bookish)。[①]这种知识观的理解也势必造成两个世界诞生,"一个是普通人视为实在但却被科学家和哲学家挤到感觉领域的世界,另一个是数学化、简单化地被科学家和哲学家奉为真实的世界"[②]。而这种所谓的"真实世界"将异常复杂、多样互动、自主变化的世界进行肢解、分离、还原的基础上,割裂了世界流动变化的过程,凝固了世界神奇的魅力,导致世界本质的异化,使世界变得日益抽象与苍白,误解了世界的复杂性,遮蔽了世界的神奇、精彩的魅力等,自然与世界被简单化、数学化、科学化,进一步僵死化、固定化、封闭化、规律化。

课程内容与生活世界的割裂,反映出知识与两个世界的割裂。一方面是复杂性、多样性的生活世界面临肢解。另一方面则是个人性、经验性、体验性的世界遭致搁浅。正如杜威指出:"儿童的世界是一个具有他们个人兴趣的人的世界,而不是一个事实和规律的世界。儿童世界的主要特征,不是什么与外界事物相符合这个意义上的真理,而是感情和同情。学校里见到的课程所提供的材料,却是无限地回溯过去,同时从外部无限地伸向空间。人们在儿童离开他所熟悉的几乎不多于一平方里左右的自然环境以后,便使他进入一个辽阔的世界——甚至可以说,使他进入太阳系的范围。儿童的小小的记忆力和知识领域被全人类的长期的多少世纪的历史压得窒息了。"[③]面对两个世界的割裂,在杜威看来,"也许有必要把经验的逻辑的方面和心理的方面区别开来并相互联系起来——前者代表教材本身,后者代表教材和儿童的关系"[④]。即"教材的心理学化"。教

① John Dewey.Democracy and Education[M].A Penn State Eletronic Classics Series Pubilication,2001:12

② 李文阁.回归现实生活世界[M].北京:中国社会科学出版社,2002:36.

③ 约翰·杜威.学校与社会·明日之学校[M].赵祥麟,等译.北京:人民教育出版社,2004:112.

④ 约翰·杜威.学校与社会·明日之学校[M].赵祥麟,等译.北京:人民教育出版社,2004:120.

材的心理学化其背后的实质即课程内容与生活世界的融合。“作为教师,他考虑的是怎样使教材变成经验的一部分;在儿童的可以利用的现在情况里有什么和教材有关;怎样利用这些因素;他自己的教材知识怎样可以帮助解释儿童的需要和行动,并确定儿童应处的环境,以便使他的成长获得适当的指导。他考虑的不限于教材本身,他是把教材作为在全部的和生长的经验中相关的因素来考虑的。”[①]正如胡塞尔所言纯粹事实的知识、科学则必然导致丧失生活意义,[②]并且代替了一个唯一现实、真实的世界,现实的由感性给予的世界,总是被体验到的和可以体验到的世界——我们的日常生活世界。[③]“生活世界(life world)是每一个人(包括科学家在内)都必然置身其中的吃喝拉撒睡、婚丧嫁娶等等的日常生活(everyday life),是人与人之间交往的世界。”[④]并且,“生活世界是一个始终在先被给予的、始终在先存在着的有效世界,但这种有效不是出于某个意图、某个课题,不是根据某个普遍的目的。每个目的都以生活世界为前提,就连那种企图在科学真实性中认识生活世界的普遍目的也以生活世界为前提”[⑤]。

基于此,课程内容与生活世界相融合其根本的内在旨趣正如英国哲学家阿尔弗雷德·怀特海(Alfred N. Whitehead)所言:“要根除各科目之间那种致命的分离状况,因为它扼杀了现代课程的生命力。教育只有一个主题,那就是五彩缤纷的生活。”[⑥]课程内容与生活世界的融合,体现了哈佛大学教育研究院爱莉诺·达克沃斯(Eleanor Duckworth)教授所谓的“揭示学科”和“进入世界(reach out)”[⑦]的深刻蕴含,为学科知识、课程内容加入了感性的元素,“美感经验的特色即为一种感受性、直觉性、情感性的经验,才能打动欣赏者,而获得深刻的意义。课程的材料若能感动学生,才能激发情感,使其沉浸于教材之中,全心投入学习”[⑧]。概言

① 约翰·杜威.学校与社会·明日之学校[M].赵祥麟,等译.北京:人民教育出版社,2004:123.
② 埃德蒙德·胡塞尔.欧洲科学危机和超验现象学[M].张庆熊,译.上海:上海译文出版社,2005:7.
③ 埃德蒙德·胡塞尔.欧洲科学危机和超验现象学[M].张庆熊,译.上海:上海译文出版社,2005:64.
④ 张华.研究性教学论[M].上海:华东师范大学出版社,2010:13.
⑤ 倪梁康.现象学及其效应——胡塞尔与当代德国哲学[M].北京:商务印书馆,2014:125.
⑥ 阿尔弗雷德·怀特海.教育的目的[M].徐汝舟,译.北京:生活·读书·新知三联书店出版社,2002:12.
⑦ 转引自:张华.研究性教学论[M].上海:华东师范大学出版社,2010:262.
⑧ 林素卿.美感经验对课程美学建构之启示[J].东海教育评论,2009(3):43-70.

之,知识与生活的结合,旨在推动知识与个人感受、兴趣结合,从而为枯燥、单一的理性知识增加了感性要素与生活色彩,使学生能够回到生活世界本身,真诚而认真地面对它们,从而切实提升学生在课程中的所思、所感和所知。

(二)课程内容转化为问题情境

杜威将审美经验定义为:解决问题的完整经验[①]。也就是说,在解决问题过程中,目的与手段实现一体化。凭借着解决问题,经验在手段与目的相互交互、连续性的作用下,实现完整统一、一体化,伴随着问题解决从而产生美感经验。在这样的经验中,每个相继的部分都自由地流动到后续的部分,其间没有缝隙,没有未填的空白。中间没有空洞,没有机械的结合,没有死点。[②]手段与目的的融合,区别于手段与目的处于松散的联系,或是抑制、收缩、机械性的联系,从而意味着将一个经验、事件完成与完整,意味着经验内部实现整合。显然,知识作为手段的内在目的的实现、知识对问题的解决,理性经验获得充盈与丰富,成为具有完满、自足特征的完整经验,就是美感经验。但知识若是通过机械接受学习,而忽略了目的与手段的融合,必然引发这样的结果:"为了考试而读书的情状是机械式的练习,是不美的。所以,内在目的与外在目的的区隔应该是美与不美的重要界限。这种为考试而读书,不但在道德上不纯正,也扭曲了整个教学活动,不但不美,问题更是没有解决(即没有把学生真正教会,没有真正的学习)。其真正的目的也无法成长。"[③]

审美经验课程内容的建构,如要实现手段与目的的统一,便要求课程内容的学习必须作为解决问题的一场经历,其前提就在于将课程内容转化为相关问题情景,进而课程内容、学科知识成了解决问题的手段、工具,内容便逐渐拓展知识的探究、创造实践过程中的从属物(secondary),以及探究行为发生的工具(in-

① 陈伯璋.课程美学[M].台北:五南图书出版公司,2011:15.
② 约翰·杜威.艺术即经验[M].高建平,译.北京:商务印书馆,2011:43.
③ 陈伯璋.课程美学[M].台北:五南图书出版公司,2011:10.

strumental)。[①]课程内容或学科知识成为解决自然、世界、社会场域与境遇中的问题的探究性、情境性的工具与手段。进而,从知识作为解决问题的工具或探究的手段出发,手段与目的在问题解决、探究过程中循环反复地交换、融合,手段与目的、知与行、做与受获得整合,甚至一体化。进而生成为一个完整性经验,而这个经验必然带来满足、喜悦等情感感受,因此课程成了一个审美经验的生成之旅。这一过程在杜威看来,"如果知识仅仅作为信息被成块地提供(purvey)或保存起来,这种知识往往与生机勃勃的经验分层开来。如果知识成为活动的一个因素,为知识本身而追求知识,不管是作为手段(means),还是扩大目的的内容,这种知识都有启迪人(informing)的作用。这样,直接获得的领悟和被告知的(told)知识熔于一炉。于是个人的经验能吸收个人所在群体的经验的结晶,并使这些经验不断发展。包括长时期来所受苦难和考验的结果。这样得来的知识没有固定(fixed)的饱和点,能够进一步吸收新的知识。吸收的知识愈多,进一步吸收的能量越大。新的好奇引发新的接受能力,获得的知识产生新的好奇心,循环往复以至无穷"[②]。

因此,美感经验的课程内容开发有必要将课程内容转化为问题情境,同时"一切反省的探究都是从一个有问题的情境出发的,而且这种情境不能用它本身来解决它自己的问题。只有把这个情境本身所没有的材料引入这个情境之后,这个发生问题的情境才转化而成为一个解决了问题的情境"[③]。将课程内容转化为问题情景至少有以下两个方面:一方面,从生活世界的角度,将自然生活、社会生活统整成为亟待学科知识解决的诸多生活问题。直接走进自然情境、社会境遇生活中的真实问题,将原有的学科知识、科学知识理解为解决自然、世界、社会问题场域、境遇中的探究性、情境性的工具与手段,进而将生活世界中事物的因

① The Pennsylvania State University. Democracy and Education by John Dewey[M].A Penn State Eletronic Classics Series Pubilication,2001:154.

② The Pennsylvania State University. Democracy and Education by John Dewey[M].A Penn State Eletronic Classics Series Pubilication,2001:215.

③ 约翰·杜威.确定性的寻求——关于知行关系的研究[M].傅统先,译.上海人民出版社,2005:145.

果关系转变成为手段与目的、问题与探究工具以及探究结果相统一的关系。这期间的问题情境至少可以包括：其一，从自然情境、社会境遇生活中的真实问题出发，寻求其与学科知识、教科书知识的内在联系、整合的角度，生成出一系列的"生活问题"。其二，从学生的生活经历、感兴趣或关心的话题角度，生成出一系列"儿童问题"。当然，如何将两者同学科知识的关系视为一体化，即杜威所论述的关于经验的经度与纬度、起点与终点的关系。若单纯是生活主题或儿童主题，则必然缺失了理智、知识维度。如果是纯粹理智的学科主题，生活与儿童主题的缺位或不在场，则势必引发灌输取向、压迫取向的表征主义知识观的症结与危机。其三，学科知识成为探究性的工具，学科知识、教科书成为了解决生活世界问题的手段，在生活问题情境的解决、探究过程中，课程知识即探究过程、探究行动的内在意义。另一方面，从学科知识的角度来看，需将学科知识统整成为知识实践问题。"学科的本质不是确定的答案或现成的结论，而是探究问题"[①]，也就是说，学科知识的本质并非是对预设、既定知识的映现、表征，而是将学科知识理解为确证、探究、辩护学科知识假设的理智探险和创造性的问题解决。[②]其中，有必要将学科知识或学科逻辑根据学科标准转化为适合学生特点的探究问题或知识假设，并展开探究，寻求确证、假设与解释。对于这种问题情境至少创设三类问题：第一类"学科理智问题"，即从本学科知识以及本学科知识与其他学科知识联系的角度，将学科知识本身还原为、转化为等待验证的假设或要探究的学科知识问题，让学生在验证假设、探究学科知识的过程中，激发思考、寻求知识证据、判断假设与验证问题，进而创生出自己的学科理解与学科知识。第二类"学科历史问题"，即教师通过引入学科知识与学科史、科学史的视野以创设学科历史问题，这一方式包括：还原学科知识产生的历史情境，呈现学术界、时代发展状况下的当前争论等，以展示出学科知识所体现的学科本质和学科思想的历史状况与时代发

---

① 张华.论学科探究教学[J].教育发展研究，2014(12):22.

② 米歇尔·本特利，克里斯汀·艾伯特，爱德华·艾伯特.科学的探索者——小学与中学科学教育新取向[M].洪秀敏，等译.北京:北京师范大学出版社，2008:10-13.

展，等等。第三类“学科实践问题”，将学科知识、教科书知识转化为现实生活情境中的问题，还原为具有问题感、生活性、探究性的情境、场域，即杜威所言的教材心理学化，进而通过师生合作、生生合作，或者是学生展开独立的研究与探究来实现。

（三）运用多重形式表征课程内容

运用多重形式或思路进行课程内容的设计，旨在增强知识表征形式的多元化与艺术化。不仅引起学生的兴趣与关注，更主要在于激发学生的想象力，引导学生对学科知识建立多样化、立体性的理解。显然，“运用多元而非一元的感知方式去发现世界，可以引发学生通过多种感官认识世界，由多种表现形式表达概念，运用多重智慧能力呈现不同的世界样貌。通过多种感官打开学生的经验世界，学生就会对这个世界充满好奇、充满疑问、充满探索的愿望，学生对于世界的感受越丰富就越有利于他们产生更多探索的愿望和多重地表达世界的方式”[①]。其实，在古德曼看来，世界是以多种多样的方式存在着。人们可以通过观看、描述、描绘等多种方式对世界加以正确地认识，描述世界的不同方法，就会产生理解不同的世界。艾斯纳也曾提出，采取多元表征形式与符号的差异会呈现出不同的理解意义，这是因为：“每一种表征形式各有其限制，不可能完全呈现事物各面向的特质，当我们能掌握多种表征形式，也愈能认识事物的多重面向。”[②]显然，采取多样性、多重性、多元化的方式表征课程内容，进而，“每一门学科都可以透过艺术的方式去展现其敬畏、惊奇和宇宙的神秘。换言之，不论是数学、科学、历史、社会、语文、艺术和人文，都可能带给学生突破性或意想不到的新奇经验……给予学生更多的时间和机会，徜徉于各种观念与不同形式的教材中，鼓励学生释放想象力”[③]。

然而，在课程设计实践中，教师具有强烈的教科书依赖倾向，采取将教科书的文字表述转化为45分钟的知识陈述、讲授的方式。概言之，教科书从书面文

---

① 何茜.美学取向课程探究[D].西南大学，2014:117-118.

② 引自:周淑卿.无教学不足以成课程:美感认知理论的观点[J].西南大学学报(社会科学版)，2009(1):59.

③ 林素卿.美感经验对课程美学建构之启示[J].东海教育评论，2009(3):43-70.

字走向了语言表达。课程设计的过程中,均凭借语言的工具,并依赖分析、综合、推理、运算、演绎等理性逻辑,往往忽略了用描述、举例、故事、表演、肢体活动、对话、游戏、述说、直观等多元和感性的方式的课程设计,来激发学生的想象力与创造力。显然,许多学科观念、学科知识借用语言的表达是极为有限度的,正如英国科学哲学家迈克尔·波兰尼(Michael Polanyi)创造了“个人知识”(individual knowledge)来表达:“我们知道的多于我们所能言说的。”[①]甚至这种可言说的、言述知识正体现了语言的狭隘与肤浅。因此,在课程内容设计时候,有必要运用多重的表达方式、表征形式、符号系统,将身体的各种感受器官密切联系起来,将课程知识与学生的个人经验、意义建立联系,提高想象力与提升审美经验。例如,教师在对三角形进行课程设计时,可鼓励学生运用多元认知表征学习,如“三角形家族的故事或戏剧、创作三角形的声音、编三角形家族的舞蹈等等,将三角形从几何学概念中赋予社会、心理、文化、情感的意义。”[②]还有的教师运用分组学习、肢体活动、表演艺术与绘画创作等方法,以身体、歌谣、图像为媒介,将数学课本上点线面组成的三角形透过多元器官的学习变得立体化与生活化,除了引发学生学习兴趣外,更重要的是透过“三角形”,教师把握了学生的观点,学生掌握了理性的三角形知识,并以情感体验三角形的各种意义。整个教学在形式、媒介与表现交互作用下,从整体结构到部分,从中介历程到结果,引导师生经历三角形的数学概念、精练出师生对细节的感觉、传达对学习的情感、激发丰富想象力,并发现新的意义。[③]除此之外,以历史学科为例,运用多重形式表征历史事实、历史事件,可以用该事件的文学、摄影、绘画、音乐、影片等,产生强烈印象,引发惊奇与想象力。这样的案例不胜枚举。概言之,运用多重形式表征课程内容,旨在将所传授的知识转换成种种艺术的形象和活动,把以往死板的课堂教学转变成即席的和具有美学趣味的对话、舞蹈、戏剧表演、诗歌朗诵、艺术设计和绘画等活

---

① 郁振华.人类知识的默会维度[M].北京:北京大学出版社,2012:18.

② 洪咏善.教学的美感经验如何可能?[J].中等教育,2010,61(04):130-141.

③ 洪咏善.教学的美感经验如何可能?[J].中等教育,2010,61(04):130-141.

动。很明显，这种转化具有极强的艺术性和美学特征，不仅可以调动学生的参与感，而且最大限度地激发和调动他们潜在的对话欲和其他表现欲。通过这种转化，课堂教学本身成为一种富有美感的过程。这种课堂教学本身已经成为一种艺术。[①]

① 滕守尧.美育——教育现代化的关键[J].北京大学学报(哲学社会科学版),1995(2):63-69.

第六章 审美经验的课程实施

课程实施是一个行动的过程,这个过程将观念形态的课程转化为学生所接受的课程从而实现课程内在的教育意义。那么,学校课程为实现审美经验的建构,在课程实施过程中有必要关注:提升学生的体验与感性认识、激发教师的想象力与艺术创作、探究与对话相结合的教学方式以及鼓励学生多元表征与个性表达等。

一、提升学生的体验与感性认识

提升学生的体验与感性认识是课程实现审美经验的前提与基础。这里"提升"的手段与中介在于全身心参与。全身心参与是一种具身、感悟、直觉、理性、直观性的参与,区别于对象化、反思性的参与,旨在破解主客的消解与模糊。法国现象美学家杜夫海纳就指出,审美经验在个人与世界的审美关系中现实地生成。审美对象的出现,还有一个独立于表演之外的条件,那就是承认它是审美对象的知觉,因为人们可能看不到审美对象。只有当欣赏者打定主意,只依照知觉全神贯注于作品的时候,作品才作为审美对象出现在他面前。[①]可见,审美经验是主体在客体之中,而不是分离于客体之外来把握的。这在西方哲学的历史发展上,叫"思维与存在的统一性",即"主体与客体的同一性",这种思想方式,或称之为"非对象性思想方式"或"综合性思想方式"。[②]也就是说,全身心参与是把

① 朱立元.美学(修订版)[M].北京:高等教育出版社,2006:7.

② 叶秀山.美的哲学[M].北京:世界图书出版公司,2010:5.

握、获得审美经验的前提，“美”和“艺术”都不可以从一个确定的“概念”出发，来“建构—建立”“直观—形象”。它的路线恰好相反，是从一个具体的经验的“直观—直觉”出发，“寻求”一个“不确定”的“概念”。[①]此时，这一参与并非像理性经验，历经感性到理性的超越、飞跃，逐渐上升到概念、判断、推理、概括和抽象，最后形成理性认识、概念思维，而是“感性整合着理性”，人的各种知性、理性、认识因素，事物的各种意蕴和意义交织在感性中，被感性融化和整合，就像盐溶于水中一样。[②]

“体验”这个概念是19世纪70年代由德国哲学家威廉·狄尔泰（Wilhelm Dilthey）加以概念化所形成。“体验”的德语原文（Erlebnis）是“经历”（Erleben）的再构造，而“经历”又是生命、生存、生活（leben）的动词化。因此，“体验”是一种跟生命、生存、生活密切关联的经历。[③]“体验”与“审美经验”的关系，伽达默尔的回答最有代表性：“审美经验不仅是一种与其他体验相并列的体验，而且代表了一般体验的本质类型。”[④]同时，在“美学之父”鲍姆加登看来，美学就是按照事物的感觉属性来认识对象，美学本身便指向一种感性认识与体验。甚至还有学者指出：“审美活动是人的一种精神—文化活动，它的核心是以审美意象为对象的人生体验。在这种体验中，人的精神超越了‘自我’的有限性，得到一种自由和解放，回复到人的精神家园，从而确证了自己的存在。”[⑤]从生命美学的视角来说，“体验是个体对人生的体认，体验是个体对生活的参与，是对生命意义的开展、解释和构建的关键，只有通过体验，人才能真切而内在地置身于自身生命之流中，并与他人的生命融合在一起。体验打开了人与我、我与世界的障碍，使人的当下存在与人类历史相遇，即我在世界中，世界亦在我之中”[⑥]。也就是说，审美经验

① 叶秀山.美的哲学[M].北京:世界图书出版公司,2010:3.

② 朱立元.美学(修订版)[M].北京:高等教育出版社,2006:69.

③ 叶朗.美学原理[M].北京:北京大学出版社,2009:89.

④ 汉斯-格奥尔格·伽达默尔.真理与方法[M].洪汉鼎,译.上海:上海译文出版社,2004:89.引自:叶朗.美学原理[M].北京:北京大学出版社,2006:90.

⑤ 叶朗.美学原理[M].北京:北京大学出版社,2009:28.

⑥ 何茜.美学取向课程探究[D].西南大学,2014:122.

是个体根据自我的生活经验，观察世界、建构经验，是一种亲身体会的直接经验。因此，提升学生的体验与感性认识，就成了课程实现审美经验的前提与基础。

然而，我国的课程教学实践，整体上呈现出教师与学生是“以知识为纽带的授受关系”[①]。这种课堂教学形态深陷教学认识论的桎梏，将教学界定为特殊认识活动，课程与教学领域在不断追捧与向往现成、固定、客观、普遍知识的传递过程中，尽一切可能排斥或清除个人的因素。“等到一个人开始被灌输外加的知识，在吸收知识的过程中，被剥夺自身的参与及体验，那么他的成长、他的创造活动便告停止。他被送入文明轨道，吸收系列的文明知识，他可以被训练成一名熟练的技术操作员，但他没有创造，他的生命力在急速萎缩。”[②]甚至英国哲学家伯特兰·罗素（Bertrand Russell）批评它为“不带一点个人因素的东西”。[③]然而，“从艾斯纳和加登纳的理论中汲取的精华是：为掌握知识，不同知识领域利用不同的认知能力；如果脱离个体的生活体验，这些能力不可能增强”[④]。对于提升学生的感性认识或感觉的重要性，艾斯纳还明确指出：“1.如果我们对信息没有感觉，就无法形成概念；2.我们的感觉有多么特别，概念的形成就有多么精致；3.概念若没有形成意象，那些意象的代替品（如文字或数字）也就没有意义；4.除非概念可以被想象，否则概念会变得无意义。”[⑤]在席勒看来，人若要摆脱其动物性的生存轮回，超越需求与匮乏的限制，必须通过审美实现自由。而审美的自由实际上是感官、感觉的解放，感官的解放释放了人的创造力。“感觉能力的培养是时代最迫切的需要，不仅因为它们是一种手段，可以对得到改善的生活洞察力产生积极作用，而且因为它本身就会引起洞察力的改善。”[⑥]概言之，人的体验、感性认识的提升是构成审美经验的前提，也是通过审美获得实现自由状态的价值前提与人的完善之路。那么，基于美学的视角理解课程实施，课程实现审美经验，有必要以

① 张华.研究性教学论[M].上海:华东师范大学出版社,2010:6.
② 黄武雄.童年与解放[M].北京:首都师范大学出版社,2009:56.
③ 伯特兰·罗素.人类的知识——其范围与限度[M].张金言,译.北京:商务印书馆,2011:12.
④ 阿瑟·D.艾夫兰.艺术与认知[M].智玉琴,译.长沙:湖南美术出版社,2008:118.
⑤ Elliot Eisner. The role of the arts in cognition and curriculum[J].Phi Delta Kappan,1981(1):48-52.
⑥ 席勒.审美教育书简[M].张玉能,译.南京:译林出版社,2012:23.

美感的方式布置学习环境,给学生带来新的感受,有助于学生全身心投入学习中,鼓励学生透过视觉、听觉、触觉等多重器官的体验,从而为获得丰富的想象力做好基础。教师应有确立独特性的“他者”观念,每位学生都有其个人的感受、经历、经验、欲望、需求、兴趣与特色。由此,教学变成了一场提升学生体验与感性认识的审美活动,来把握“生活世界”这个活生生的整体。这个“生活世界”的整体,最根本的是人与世界的交融。课程如果要实现一种审美经验,就有必要提升学生的体验与感性认识,并非彻头彻尾的二元论的“求真”思维,即将世界分为“本质”与“现象”。

二、激发教师的想象力与艺术创作

激发教师的想象力与艺术创作是实现课程作为审美经验的关键。由于客观主义知识观、工具理性方法论的钳制,我国课程实践呈现出这样的状态:“知识一经专家发现或发明出来之后就是确定的、价值中立的,至于知识将来的变化、发展也主要是专家的事,教师的经验充其量是学生接受知识、发展能力的媒介物,本身不具有独立价值。这样,学科专家(知识的创造者)就是唯一合法的课程开发者,教师的基本职责是把专家开发的课程忠实地传授好,对课程本身没有发言权。这就必然造就传递型、工匠型教师,因为基于僵化的知识观的课程与教学本质上是排斥教师的。”[①]正如杜威所批判:“书籍,特别是课本,乃是过去的学问和智慧的主要代表,……教师们是传授知识技能和实施行为规则的执行者。”[②]如此种种,都诠释出一种“防教师(teacher-proof)”取向,即“课程资源被开发之后,在学校中就会被‘固定’下来,在把预期目的融入课程资源的过程中,教师被比喻为修改目的的过滤屏,于是便采取很多策略使教师的影响降至最小”[③]。

“防教师”取向的课堂教学旨趣在于排斥教师的个人反思、艺术创作,教师的

① 张华.试论教学认识的本质[J].全球教育展望,2005(6):8.
② 约翰·杜威.经验与教育[M]吕达,刘立德,邹海燕.杜威教育文集(第5卷).北京:人民教育出版社,2005:313.
③ 迈克尔·康纳利,琼·克兰迪宁.教师成为课程研究者:经验叙事[M].刘良华,等译.杭州:浙江教育出版社,2004:143.

职责与角色在于忠实性地完成课程实施，课堂教学必然深受技术理性的控制，呈现出线性、程序等特点。课程实施如要实现审美经验，则首先在于激活教师的想象力，冲破“防教师”、技术理性的课程实施取向。在席勒看来，只有当想象力永远走出现实的局限，又没有因为单纯幼稚而误入歧途。只有在这种的情况下，感性与精神，感觉力和创造力才会幸运地均衡发展，而这种均衡是美的灵魂同时也是人性完整的条件。[①]在格林看来：“想象力是一种以不同方式看待与观看事物的能力，唤起与开发想象力是要让我们能够打破那些僵死与既定的、客观而独立的真实，在同化新经验与重构旧经验之间，打开一条充满着冒险的‘通道’，破除‘习惯’的惰性（inertia of habit）与‘理所当然’，以‘不熟悉’的视角去面对眼前万变的处境，用自己的声音去命名生活世界。”[②]因此，“教师的行为不应被常规性所支配，因为教学的质量会受无法预期的偶发事件所影响，教师必须有所创新，保持适当的弹性。教师也需要一些‘想象的跳跃’（imagining leap），在教室中展现课程的艺术性，让学生‘像个艺术家’一样地思考与学习，在各学习领域内发展观念、技巧、感觉、想象，以创造充满想象力作品的人”[③]。激活教师的想象力，实际上在格林看来是一种现象学的态度，要搁置判断。同时这个搁置的态度只有与艺术相遇，才能促使教师的这种改变。“在与艺术相遇的过程中，唯有通过想象的桥梁，教师的意识才能逐渐达到全面觉醒的状态，重新定位自己，生成自己。”[④]显然，想象是艺术不可或缺的条件，它能打破惯性、程序化、机械的生活，从而进入新奇，揭示另一种可能性。想象力的激活便为教师与学生开展艺术创作提供了契机与前提。为此，“教师要向艺术或艺术家学习。如艾斯纳说，他从艺术中学到，教学和作画一样，微妙的韵味是很重要的，教师要注意到这种素质的韵味，如音调、行动的合适性、教学的品质、内容的一致性或均衡等，注意到目标的弹性和随机的教学，和艺术的活动一样，教学也没有固定的法则可循。所以教学是一种

---

① 席勒．审美教育书简[M]．张玉能，译．南京：译林出版社，2012:85.

② 杨忠斌．教育美学：美学与教育问题述评[M]．台北：师大书苑．2008:295-296.

③ 引自：林素卿．美感经验对课程美学建构之启示[J]．东海教育评论，2009(3):43-70.

④ 郭芳．教师作为“陌生人”——玛克辛·格林教师哲学思想研究[J]．比较教育研究，2014(8):41.

建构的行动，它的结果也是艺术想要的结果：高度的意识觉醒和美感经验"①。从而，"教学过程是一个完整的美感经验的生成、创造、表达的过程，即师生用类比、比喻、夸张、拟人等形象化的手段，以神话、戏剧、音乐、舞蹈、诗、故事等艺术形式创造性地表达自己对事物的直觉认识和情感体验，表达特定的教学内容和教学结果"②。也就是说，教学并非机械常规地运转，而是运用想象、觉察情境特质的变化，惊异于学生在情境中的精彩观念与独特表现，回应偶然未预期的课堂事件，进而实现创生性地改造、转化教学方法的艺术历程。课程并非是按照预设流程、固定技术等工具理性承诺下的技术存在或"现成""物化"的工艺品，而是基于教师个人审议、情境决策或施瓦布所理解的实践的艺术与折中的艺术，与学生共同创造性、生成性地呈现知识学科或教育经验的艺术作品。那么，课程实施或课堂教学要成为一项艺术作品，取决于教师想象力的激发与教师艺术家角色的自觉，从而得以一步步地敞开自身审美世界，释放审美、灵性与想象力。

按照技术理性所规约形成的教学工艺品与基于想象力自觉、艺术创作的教学艺术作品之间的最大区别在于后者的教学的结果是在过程中被创造，并涌现出来的。工艺品模式将课程视为艺术产品，课程的结果是预设的，严格按照计划与产出的效率控制模式，应用方法、技巧以达到结果。而艺术作品则意味着同样在情境中运用方法、技巧等，是透过方法的实践与行动发现结果，生成结果。课堂教学的展开并非按照命令、成规、设计所控制与掌控，教师运用自我想象的方式灵活运用方法。课程学者周淑卿教授还曾阐释过这两者的区分之处："作品既是动词又是名词，既是结果也是过程。就此而言，艺术家的成果并不只是最终的成品，还包括创作历程中的经验，即使只看最终结果，学习结果也不完全能由教师预先决定，就如艺术家在创作之初有个主要概念，然后尝试许多材料或方式，从探索中更清楚地确认他要表达的内容，于是一个概念就在此过程中得以发展、

① 欧用生.迈向诗性智慧的行动研究[J].教育学术季刊，2012(1):1-28.

② 杨晓.教学的诗性智慧[J].教育研究，2016(4):99.

澄清与精练。"[①]显然，如将课堂开始前预设的方案、蓝图通过课堂教学付诸实践，这样的教师角色便是一种工匠。"艺术创作性的根本不是如此。艺术创作的过程是一个探索和发现的过程，过程的结果在过程结束之前是不可预知的。"[②]实践中，教师的课堂教学往往按照教科书的教材设计，将其按照45分钟的时间推进，进行教学环节的组织与安排，这样的课堂教学不仅缺乏明确的学科观念的目标设定，而且其环节也脱离教师的慎思。课程成为艺术作品的前提在于教师的课堂教学即课程开发的过程。此时，教学实践就不单纯是一种人际交流、知识授受的过程，而是课程开发过程。"在课堂情境中，教师的主体性充分发挥的过程就是教师在'创作'课程事件或'创生'(enact)课程的过程。'在这个意义上，教师像课程的其他作者一样在"创作"课程，只不过教师是现场"创作"，而其他作者则是其作品在被阅读。'"[③]通过教师的艺术创作，艺术并不具备实体特征(physical qualities)，而只具备经验的一个特征。对此，杜威明确指出："艺术只是经验中的一个部分(strain)，本身并不是一个实体(entity)。"[④]在教师课堂创作过程中，"艺术是行动和感受的一种特征，只是从外在的角度，艺术才被当作一个名词性的实词。因为艺术附属于(adheres to)做事的方式和内容，艺术在本质上是形容词性的。当我们说打网球、唱歌、表演和众多其他活动是艺术时，我们实际上是使用了一种省略的表达方式。我们的意思是说，艺术存在于这些活动的过程之中，并且艺术也存在于感知活动之中"[⑤]。概言之，基于教师想象力、艺术创作的激发，课堂教学成了一项艺术作品，这一艺术作品内蕴审美经验的创造与生成过程，从而确保审美经验的课程实施。

---

① 周淑卿．借镜于艺术的教学——与"艺术创作者/教师"的对话[J]．当代教育研究季刊，2009(2)17:1-29

② 王德峰．艺术哲学[M]．上海：复旦大学出版社，2015:137.

③ 张华．研究性教学论[M]．上海:华东师范大学出版社，2010:145.

④ John Dewey. Art as Experience [M].New York: The Berkley Publishing Group, 1934:330.

⑤ John Dewey. Art as Experience [M].New York: The Berkley Publishing Group, 1934:214.

三、探究与对话相结合的教学方式

审美经验的生成在于个体与情境交互的过程中，手段与目的的彻底融合，从而获得完满、自足的情感表现。在我国课程教学场域，即便基础教育新课程改革已经开展了17个年头，我国课程实践的基本写照还是教师采取极为相似的方法向学生传递、讲授教科书知识，而这几乎成了每一位教师与学生所无法逃脱的学校宿命。[①]课堂教学主要借助传递、讲授，这种教学方式割断了经验中手段与目的的交互、融合与一致性，进而难以实现完满、完整经验的生成，更难奢望审美经验的表现。基于上一章我们所讨论的关于审美经验的课程建构，需要将课程内容与生活世界融合，并将课程内容转化为相关、系列问题情景，接下来在课程实施的环节中，将采取探究与对话相结合的教学方式，实现“做”与“受”、“手段”与“目的”的彻底融合，为完整经验、审美经验的生成与实现提供教学方式。

所谓探究即师生合作解决生活问题与复杂学科问题的知识创造。教师与学生共同“探究学科知识与日常生活，提出并解决自己的问题，建构自己的思想与意义，在此基础上不断修正、拓展、完善自己的思想与意义，这是学生学习的本质”[②]。课程与教学成了教师和学生合作探究学科与生活、共同合作建构思想与意义、合作创造知识的实践与过程。对生活问题、学科问题的探究过程中，立足于生活世界问题的解决、学科知识问题的确证，最终指向学生精彩观念的诞生，生活意义以及审美经验的生成。而这种方法“用杜威的话说，教学即问题解决。用皮亚杰的话说，教学即智慧操作。用弗莱雷的话说，教学即‘提出问题的过程’和‘反思性实践’。用达克沃斯的话说，教学即产生精彩观念的过程”[③]。

所谓对话即知识的解释、确证、辩护、创造与随之生成的社会实践问题。在尊重差异的课堂共同体前提下，教师与学生、学生与学生之间相互对话、彼此协商，从而逐渐实现手段与目的的融合，进而生成审美经验。英国哲学家戴维·伯

① 张良.论课程知识观的实践症结、研究现状及其视野拓展[J].全球教育展望，2016(1):66-72.

② 张华.论探究精神是一种教育人文精神[J].全球教育展望，2006(6):8-14.

③ 张华.研究性教学:教学改革的方向[J].基础教育课程，2011(12):55-56.

姆(David Bohm)曾对这一语汇进行了详尽的历史考察:"对话"(dialogue)即"富于创造性的理解和共识,是某种能被所有人参与和分享的意义"[①]。显然,从词源学的角度,对话意味着个体全身心地参与,实现相互的分享,并基于共同体之间实现创造出新的理解与共识,即知识的创造与生成。也就是"一个人可以从别人对他的反应中,发现自己所要表达的与别人所理解之间的不同之处。他进而就有可能在自己的观点和别人的反应基础上,产生新的想法。如此反复进行下去,就不断地会有新的认识与观点出现"[②]。巴西教育学者弗莱雷(Paulo Freire)批评银行储蓄式教育时,提出了一种基于"提出问题的教育观"(problem-posing education)或"创造教育观"。这种教育观旨在摒弃传递、传授式(communiqués)压迫教育学,取而代之以交流(communication)与对话为核心旨趣的解放教育学(liberating education)。[③]甚至,"只有通过交流,人的生活才具有意义。只有通过学生思考的真实性(authenticity),才能证实教师思考的真实性。教师不能替学生思考,也不能把自己的思考强加给学生。真正的思考,即是对现实的思考,不是发生在孤立的象牙塔中,而只能通过交流才能生成(generated)"[④]。

最后,探究与对话相结合的教学方式可作为审美经验生成的教学方法维度,探究指向了人与生活问题、人与学科知识问题,对话更多指向了教师与学生、学生与学生的社会性问题。从一定程度上,探究内蕴含着对话的伦理,而对话也同时意味着探究精神,也就是说这两者并非全然分离,而是相互联系,互动生成,也就是说为了实现审美经验的生成,必然内含探究与对话相结合的思路。探究与对话方法的结合,描述了一个理性经验与审美经验共同生成过程,其基础在于将静态的学科知识结论、结果,转变为寻求师生合作探究、猜想与辩护、对话的动态

---

① 戴维·伯姆.论对话[M].王松涛,译.北京:教育科学出版社,2004:6.

② 戴维·伯姆.论对话[M].王松涛,译.北京:教育科学出版社,2004:2.

③ Paulo Freire. Pedagogy of the Oppressed (30th Anniversary Edition) [M].Translated by Myra Bergman Ramos. New York: The Continuum International Publishing Group Inc, 2005:80.

④ Paulo Freire. Pedagogy of the Oppressed (30th Anniversary Edition) [M].Translated by Myra Bergman Ramos. New York: The Continuum International Publishing Group Inc, 2005:76.

性探究过程或社会性协商活动，[①]遂而创造出学习者自己的知识，审美经验同时油然而生。

四、鼓励学生多元表征与个性表达

审美经验产生的过程需要主体创造性地自我表现与个性表达。课程实施过程中有必要激发学生对知识学习过程的好奇，鼓励学生跳出已有的常规，运用自己的理解、自己的方式，多重形式、个性化地去表达、建构个人所创造的经验与意义，从而发现新的可能。要达到这个目的，学校课程就必须为学生创造机会，使他们成为具有多重素养的人，而非单纯依赖读与写的表现方式。[②]既然，“课程是一个心智改变的机制，让学生学习经由不同的表征形式对事物进行解码(decoding)与译码(encoding)，这是学校课程最重要的内涵”[③]。对此，正如英国著名的艺术教育家赫伯·里德(Herbert Read)指出，教育就是在培养人的表现能力，教导人如何创造出声音、意象、动作、工具和器皿。[④]因而，课程实施中有必要突破使用固定教科书符号系统的概念，而是创造条件鼓励学生通过多重表征去理解与建构学习经验。“例如，教师可以鼓励学生以线条写日记、用身体说故事，或以舞蹈诠释诗文等，在多种符号系统中体验思考的力量并表达意义。借由文字、音乐、戏剧等不同的表达方式，学生可以从中获得美感经验，在惊奇、不确定的历程中体验丰富的生命和变动的生活，这样不仅可以实现教学目标，同时也能转化学习者生活世界的经验，让学生重新思考自我、思考自己与他人、与世界之间的关系。”[⑤]同时，鼓励学生根据个人风格和展示内容择宜采用或综合采用文字、照片、视频、绘画等媒介及论文、报告、演讲、会演等多种展示方式，“也可以运用教科书、童话、故事书、杂志、玩具、照片、图片、影片、模拟物品、实物、实地等作为教学

① 萨玛·沃泽曼，乔治·伊芙妮.新小学科学教育[M].宋戈，袁慧，译.北京:北京师范大学出版社，2006:6-7.

② Elliot Eisner. Cognition and curriculum reconsidered[M].New York: Teachers College Press，1994:19.

③ Elliot Eisner. Cognition and curriculum reconsidered[M].New York:Teachers College Press，1994:23.

④ 赫伯·里德.通过艺术的教育[M].吕廷和，译.长沙:湖南美术出版社，2002:89-103.

⑤ 刘冬岩.美感经验:诗意教学的栖居地[J].内蒙古师范大学学报(教育科学版)，2008(9):94.

媒介。至于学生要表达的所知所感,可采取传统的文字、数字;此外,更重要的是经由美术、音乐、戏剧、摄影、舞蹈、运动等方式,创作多元化的作品"[①]。这一过程中,突破惯习,拓展学生已有的经验界限,把握到理性与感性、形象、直觉、经验的联系,进而课程成为"动态生成的复杂旅程,那么需要引领学生打开各种感官知觉去体验并理解环境的特质,最终将课程变成充满体验、觉察、意义、想象、惊奇和创造的一种美感旅程,并能从中构建基于美的艺术追求的知识建构观"[②]。

① 黄政杰.教学艺术[M].台北:五南图书出版公司,2010:10.

② 王磊.审美文本观照下艾斯纳课程美学蕴意探究[J].外国教育研究,2014(10):34.

第七章　审美经验的课程评价

课程作为审美经验意味着进行课程评价应像艺术鉴赏家、批评家一样进行鉴赏与批评。教育鉴赏（educational connoisseurship）、教育批评（educational criticism）两者作为美学观照下的课程评价方式，主张用欣赏有意义事物的美学鉴赏的态度和方法看待课程评价。这两种方式并非是一种控制和策略课程实践的方法，也并非处方式（prescriptive）的评价方式，而是致力于理解课程教学的复杂性、艺术性特征，提升教师的艺术创作能力，旨在珍视学生表现自我的所感、所知，进而促进学生审美感受、审美想象以及审美鉴别力的发展。

一、课程之美呼唤审美评价

传统课程评价忽视了课程中的美学特征。技术理性驱使下，课程评价仅注重了标准化、固定化的目标，对课程进行理性、普适性、科学性、标准性的量化评价。这一评价方式深陷技术旨趣，过多重视了认知层面的评价，过分强调了逻辑、推论或数学思维的量化评价，反而忽视了审美、情感、感性以及非口头表征等其他值得重视的因素。

课程作为审美经验呼唤审美评价。一方面，课程与教学实践具有极强的复杂性、情境性。课堂教学的演化伴随着教师、学生、学科知识的连接与互动，各种关系变量、随机事件、偶然的影响充斥其中，进而呈现出混沌、无序、分岔甚至突变的非连续性、非线性表征，并且不能从其初始条件进行预测所涌现出的各种性质和行为的发生。[①]另一方面，课程教学具有不可辩驳的艺术特征，其本身是师生共创的艺术作品。教学是一种艺术，因为教学中都带有无可辩驳的美学特征，表现出一种技巧、优雅，教师所做的——妥善安排活动、提问、讲授——构成了一种艺术的表达形式。课堂上发生的事情，本身就是一场具有令人满意的内在形式的表演，所以我们用通常用来描述艺术品的形容词和赞语来描述教师的教学。[②]显然，复杂性、艺术性难以被量化评价，然而复杂性、艺术性并非单纯意义上课程教学的特征，而是课程教学的本身存在方式。但这些从这一点思考课程评价问题，就意味着呼唤基于质化特征的审美评价，以欣赏差异、期待不确定性的信念，鉴赏艺术性、艺术创作的评价伦理走进课堂教学场域，秉持着一种与教学的复杂性、艺术性共在、相互对话的评价信念，不断保持着对课堂教学场域的变化与不确定性，保持敏感和开放，并期待着教学中不确定性和差异性以及学生精彩观念的不断诞生。

审美评价与科学评价的区别，可以以美学家朱光潜教授谈“古松”为例。“假如你是一位木商，我是一位植物学家，另外一位朋友是画家，三人同时来看这棵古松。我们三人可以说同时都‘知觉’到这一棵树，可是三人所‘知觉’到的却是三种不同的东西。你脱离不了你的木商的心习，你所知觉到的只是一棵做某事用值几多钱的木料。我也脱离不了我的植物学家的心习，我所知觉到的只是一棵叶为针状、果为球状、四季常青的显花植物。我们的朋友—画家—什么事都不管，只管审美，他所知觉到的只是一棵苍翠挺拔的古树。我们三人的反应态度也不一致。你心里盘算它是宜于架屋或是制器，思量怎样去买它，砍它，运它。我把它归到某类某科里去，注意它和其他松树的异点，思量它何以活得这样老。我们的朋友却不这样东想西想，他只在聚精会神地观赏它的苍翠的颜色，它的盘屈如龙蛇的线纹以及它的那一般昂然高举、不受屈挠的气概。”[③]显然，植物学家、木

① 教学复杂性的表现及其实践策略等具体论述，请参阅：张良．从简单性到复杂性——试论我国教学范式的重建[J].清华大学教育研究，2013(5)：103-109.

② 艾利奥特·W.艾斯纳．教育想象——学校课程设计与评价[M].李雁冰译，北京：教育科学出版社，2008：160-161.

③ 朱光潜．谈美[M].北京：新星出版社，2014：2.

商分别从古松的名称、形状特征以及习性条件，从实用、功能、工具的角度对古松进行科学策略与科学评价等。而画家采取的艺术、审美的态度，即一种凝神的境界，一种在科学、实用认知之外的态度，忘掉古松与观赏者的区分，实现物我两忘、物我同一。

既然，审美经验作为区别于理性、理智的知识、实用的技术，指人类在与审美对象相遇或在审美活动中所采取的一种不涉及实用与利害关系、全身心投入、直观对象过程中所产生的非对象性、非分析性、非概念化的感觉、感受。那么，对于审美经验的评价必然要求审美评价。以美学的视角理解学校课程，课程作为审美经验，教室中所发生的课堂教学是表意的（ideographic），并非单纯能够被解释或控制为行为目标，[①]如瓦伦斯指出："尽管'美学探究'取向一词并未正式使用，但可以指出这类研究的一般性特征：将教室情境、教学过程或课程材料等教育事件，视为不可复制的艺术作品、具有独特性的事件。"[②]这意味着从审美的视角，有必要借鉴评定艺术品、审美经验的美学概念用于课程评价这一问题，力图摒弃以往用单一手段、方法或测量工具对学生的发展进行客观、理性的分析，而要以更多的鉴赏的态度对课程进行评价，进而将评价看成是一种描述、解释和欣赏，继而促进学生审美体验的生成与教学成为一项艺术作品。这体现为一种质性评价，"力图通过自然的调查，全面充分地揭示和描述评价对象的各种特质，以彰显其中的意义，促进理解"[③]。

二、教育鉴赏与教育批评

教育鉴赏与教育批评是美国著名课程专家艾利奥特·W.艾斯纳在反思传统课程评价，借鉴艺术哲学中关于艺术作品评价方法的基础上，所形成的两种质性

① Elliot W. Eisner. Educational Connoisseurship and Criticism: Their Form and Functions in Educational Evaluation[J].Journal of Aesthetic Education, 1976(3-4):135-150.

② Elizabeth Vallance. Aesthetic inquiry: Art criticism In Edmund Short (Ed.). Forms of Curriculum Inquiry[M].Albany, NY: State University of New York Press, 1991:17-19.

③ 李雁冰.课程评价论[M].上海:上海教育出版社,2002:17.

评价方式。这两种评价方式开辟了关于教育、课程与教学中关于审美经验评价的新局面,同时两种评价方法本身也蕴含着丰富的审美特质。

(一)教育鉴赏的内涵与实施

教育鉴赏是艺术哲学、美学中关于艺术品鉴赏等相关理论在课程评价问题上的应用。康德指出,鉴赏即审美,美的艺术需要鉴赏。因此,鉴赏或称为审美判断。鉴赏,区别于理性认识,不同于知性判断力,指辨识某一特殊事物是否属于某一普遍规律的能力。鉴赏即“判断力”,而审美判断力,不是从普遍性的概念、规律出发来判断特殊事实,而是从特殊的事实、感受出发去寻觅普遍。而这点差异在康德看来,正是理性与审美的区别之所在。[①]简言之,鉴赏区别于理性认识。判定一个对象是否美,我们不是以理性认识能力把握对象,不是用概念或范畴去规定对象,最终结果也并非得到关于客体的某些属性或知识等。因为反映出事物的大小、高低、质料、性质等属于认识判断。教育鉴赏是一种带有见识的感知行为,即鉴别评价对象的微妙、复杂,“是一种在感知、想象、情感和理解等多种心理要素的共同参与下来完成的体验活动”[②],亦即鉴赏对象的精妙、复杂及重要特质及细节的感知、体悟、洞察和欣赏的过程。鉴赏家作为欣赏杰作的人,旨在体验每一事物的性质,并理解它。“欣赏”是教育鉴赏区别于其他质性研究方法的关键,教育鉴赏就是要欣赏教育情境、事件的精妙特质及特质间的关系。这一评价旨在注重欣赏课程的特质、洞察课程的精妙之处,课程中的审美特质、美感经验是人的感受、情景的体现。因此,尝试去理解,这本身便决定了鉴赏是一种私人的行为,它由对某一特质的认知和欣赏组成,但它既不需要公众的判断,也不需要公众对那些特质的描述。把这种认识推广到教育上,就是艾斯纳所谓的教育鉴赏。艾斯纳认为:“作为一个鉴赏家,就是知道如何审视、洞察以及欣赏。”[③]

---

① 李泽厚.批判哲学的批判:康德述评[M].北京:生活·读书·新知三联书店,2007:384.

② 朱立元.美学(修订版)[M].北京:高等教育出版社,2006:373.

③ 李雁冰.课程评价的新途径:教育鉴赏与教育批评——艾斯纳的课程评价观再探[J].外国教育资料,2000(4):14.

首先，教育鉴赏区别于一种诊断性评价，区别于按照常模、客观、目标性标准，对课程、教学、教师进行效果或标准的考核与评价，确诊症结、改正错误与弥补不足的过程。教育鉴赏旨在强调评价的目的并非是探明课程、教学的不足、弊端乃至失误，而是在于发现、挖掘课程教学中的长处、优势、亮点，"评价并非要让被评者失去颜面，使他们垂头丧气、信心全无，相反，评价魅力只能来自于人们不断增强的自信及其彼此拥有的信任。欣赏型评价在教育观上抱持一种积极的社会建构观点，认为出色的学生、优秀的教师、优质的学校，是在充分展现自身优长的基础上生成的，不是通过无可奈何地补短、纠偏而痛苦地获得的"①。

其次，教育鉴赏更多指向课程的内在评价。技术理性的外在评价人为割裂了课程的手段与目的、内在价值与外在价值，更多指向了课程的外在价值与外在评价。外在价值的膨胀，引发内在价值的枯萎。"当我们说一件东西具有内在价值，就是说它本身就是人的活动目的——仅仅它本身就值得人们去重视、去追求。相反，说一个东西具有工具价值，就是说它是达到某个目的的手段——它之所以重要，只是因为它是达到这个目的的手段。"②显然，自身为目的意味着内在价值，注重手段，则是外在价值。将课程视为一种审美经验，除了本身意味着自身手段与目的的彻底融合而外，更体现了课程的内在价值。"对'内在价值'的评价即'欣赏'。与'内在价值'相适应的评价即'欣赏性评价'。所谓'欣赏'(appreciation)，是指在特定情境中对事物或人的直接经验或体验，这是一种'生动的感觉'(realizing sense)，有别于以符号等为媒介而获得的间接经验。……'欣赏'即是对人或事物实实在在感受到、体验到的'价值'，是理智判断和情感认同、接受的融合。"③显然，欣赏即情境中的直接经验，其内涵成了这一语境下的"鉴赏"，两者表达不同，词义、内涵却相同。教育欣赏具有超功利的一面，更多指向课程内在价值的欣赏与提升。如我国哲学家冯契所言，艺术家在"艺术欣赏和艺术创

① 张新平.从诊断式评价走向欣赏型评价[J].教育发展研究，2014(Z2).

② 张飞天，童世骏.哲学概论(第二版)[M].上海:华东师范大学出版社，2008:237.

③ 李雁冰.关于素质教育评价的理论问题[J].教育发展研究，2009(24):26-31.

作的过程中间,对欣赏者和创作者来说,艺术本身有它的内在价值。因此,人在从事欣赏、创作的时候能够自得其乐,能产生一种不计较利害、无所为而为的态度,如果没有这种乐趣,艺术家很难进行持久的创作活动”[①]。

最后,教育鉴赏突出理解评价的意义和价值。对艺术品的鉴赏本身就是一种寻求理解与解释的实践。学生审美感受、情感体验难以通过量表、测试等科学方法简单评价。审美经验成了传统课程评价中不可测量之物。狄尔泰曾说,我们说明自然,我们理解生命。每个学生都是审美与认知、理性与非理性、智力与非智力因素等相互结合的完整性、复杂性个体。实证化的量化评价技术不足以还原师生的复杂和真实。因此,理解成了一种真实性评价,欣赏、同情、看待课程中所发生的审美体验、情感经验与表现等。教育鉴赏强调理解、解释评价的意义与价值。“理解不是主观意识地认识活动和功能,也不是获取知识致知的心理工具,而是所有的心理活动的基础和条件。理解不仅告诉我们怎样思,而且更重要更基本的是告诉我们怎样存在,思与认识以及知识都是从理解中产生出来的。”[②]课程评价成了一个开放的过程,一个不断更新和变化的过程,旨在促使评价者以民主、平等以及欣赏的心态去理解课程的发生,进而更能把握学生的真实情况,深入了解学生在课程中的境遇与发展。简言之,要把评价看作艺术欣赏的过程,以鉴赏的态度开展课程评价,使评价渗透着审美感动。如同“艺术家面对艺术作品,以非同寻常的觉察能力以及一种不寻常的意义来显现寻常事物,以一种揭露真实本质的方式震撼人们”[③]。

关于教育鉴赏的主题,艾斯纳曾指出至少包括以下几个方面:目标方面(the intentional dimension)、结构方面(the structural dimension)、课程方面(the curricular dimension)、教学方面(the pedagogical dimension)、评价方面(the evaluative dimension)。这五个方面,在艾斯纳看来可称之为“学校教育生态学”(ecology of schooling)的主要组成部分。教育鉴赏可根据评价焦点从这五个方面中选择侧重点。

① 冯契.人的自由和真善美[M].上海:华东师范大学出版社,1996:77-78.
② 引自:金生鈜.理解与教育——走向哲学解释学的教育哲学导论[M].北京:教育科学出版社,2001:37.
③ 何茜.美学取向课程探究[D].西南大学,2014:133.

首先,目标方面。目标包含认知、知识层面和情感、态度、审美层面。目标方面可以从目标的达成度和目标价值的议题两个方面进行思考。因为正式课程与教师运作的课程目的、教师运作的课程与学生体验到的课程目的都存在差异。[①]这些差异都是目标层面的教育鉴赏的主题。其次,结构方面。艾斯纳引用迈克尔·阿普尔(Michael Apple)等人的相关研究来论述:学校组织形式影响学生学习,这些组织形式包括:学科的划分、学科的时间分配等。对此,教育鉴赏需要关注的是教育组织中的结构问题,思考它的效用、责任、益处与代价成本等。[②]再次,课程方面。课程方面的鉴赏重点在于科目之间的连接程度、学科知识与生活的联系程度、与儿童体验的关系等课程内容问题,还涉及学生的学习方法、合作、对话等方式的学习活动等。从次,教学方面。教学由教师与学生共同构建,教师的言语、讲授方式等都是教学方面关注的问题。最后,评价方面。教育鉴赏的评价方面的焦点在于评价的实施是如何左右学生的学习的。从上述五个方面可以看出,教育鉴赏的对象、资料来源主要是教师、学生在课堂教室的生活,还可以结合对教师、学生的访谈及他们之间的对话,"还可从教学材料、学生作品、教师自编测验、学校公布栏、家庭作业等获得讯息,从这些来源中深究下述问题:包括,这些来源的表面意义与潜在意义?它们的形式与内容传达了何种讯息?家庭作业中包含哪类问题?教师的回应性质与解释的深入程度如何?"[③]这些都是资料的主要来源,更为重要的是,鉴赏的目的在于了解"究竟怎么回事"(what is going on),任何有助于达成此目的的资料来源皆是适宜的。[④]

---

①这里课程目标的区分,主要借鉴美国课程论专家约翰·古德莱德(John Goodlad)对课程层次的划分,包括:观念的课程(ideological curriculum)、正式的课程(formal curriculum)、学校的课程(institutional curriculum)、运作的课程(instructional curriculum)以及经验的课程(experiential curriculum)。参阅:张华.课程与教学论[M].上海:上海教育出版社,2000:332-333.

② Elliot W. Eisner. The Enlightened Eye: Qualitative Inquiry and the Enhancement of Educational Practice[M].Upper Saddle River,NJ: Merrill,1998:72.

③ 李雅婷.课程美学探究取向的理论与实践之研究——以国小艺术统整课程之教育批评为例[D].台湾师范大学,2003:67.

④ Elliot W. Eisner. The Enlightened Eye: Qualitative Inquiry and the Enhancement of Educational Practice[M].Upper Saddle River,NJ: Merrill,1998:80-81.

(二)教育批评的内涵与实施

教育批评是艺术哲学、美学中关于艺术品批评等相关理论在课程评价问题上的应用。从美学、艺术哲学的角度来看,鉴赏与批评存在明显的差别。其中最为根本的一点是:鉴赏主要指向审美体验,而批评则是一种理性的思维和判断活动。"在一般的艺术鉴赏活动中,受众只要能够从自己的审美经验和艺术修养出发,较为准确地把握到作品的意蕴,并从中体会到相应的审美愉悦,就可以说已经完成了鉴赏的任务。而对于批评家来说则不然。……批评家的真正工作在于运用自己的理论修养来对这种感性经验进行深入的解剖与分析。"①最早将"教育批评"引进课程与教学场域内,作为评价的语言的是新墨西哥大学的约翰·曼(John S. Mann)教授,他于1969年发表《课程批评》一文,②从批判教育中流行的"方法—目的""因果关系"为基础的技术理性语言开始,提倡将课程视为文学作品,与小说、绘画、歌曲等皆有相同之处,如他所言:"课程也如同小说一般,也是再现生活的故事。"③从而采纳艺术批评方法应用到课程评价问题中。约翰·曼这一将课程与文学作品相比较的思路,被后续学者伊丽莎白·范兰斯(Elizabeth Vallance)进一步借鉴,并对课程与艺术品的相似之处做出了九点说明。

教育批评是将评价对象中难以言说的特质,转化为他者可以理解、领悟的言语。如果说鉴赏指向理解,那么批评指向阐释。前者注重感知、整体理解,后者强调分辨、归类与阐释。关于教育批评,艾斯纳指出:"批评执行着理解的中介的职责,它讨论艺术作品的组成特质,是为了让那些缺乏批评家的鉴赏素质的人,能够更全面地理解作品。'批评的功能,'杜威写道,'是对艺术作品感知的再教育'。在这种视界下,批评家的任务首先不是进行判断,而是'撩开遮住视线的面纱'这一项艰巨工作。"④也就是说,教育批评是把组成课程计划和课程活动的那

① 朱立元.美学(修订版)[M].北京:高等教育出版社,2006:380.

② 该文最早发表于《课程理论联络网》(Curriculum Theory Network)杂志,之后著名课程专家威廉姆. 派纳(William Pinar)将其收录在《课程理论化:再概念主义者》(Curriculum Theorizing: The Reconceptualists)一书中。

③ 引自:李雅婷.课程美学探究取向的理论与实践之研究[D].台湾师范大学,2003:31.

④ 艾利奥特·W.艾斯纳.教育想象——学校课程设计与评价[M].李雁冰,等译.北京:教育科学出版社,2008:220.

些必要的、不可言喻的特质，翻译成有助于他人更深刻地理解这些计划和活动的语言。从这个意义上说，批评执行着理解的中介的职责，它讨论教育计划和教育活动的组成特质，是为了让那些缺乏批评家的鉴赏素质的人，能够更全面地理解这些计划和活动。同时，艾斯纳还强调，教育批评是一项经验性(empirical undertaking)。"empirical"一词来源于"empiricus"，意思是"对经验敞开"。批评家描述或翻译出的性质，必须能够植根于批评所针对的学科领域，正是在这个重要意义上，批评是经验性的。如此说来，对批评的检验就是检验其是否有助于理解的工具性效果。人们通过批评而进行的理解，不是孤立的、抽象的，而是质性的、联系的。[①]另一方面，艾斯纳还指出，批评并非意味着否定性评价，而是阐明某些事物的特质，以便于对该事物的价值做出评估。尽管批评是一个常常用于艺术领域的词，但它也用于运动，用于研究评定，用于人类行为的评估，特别是用于社会体系以及大量地用于人类与世界交流的其他领域。原则上说，没有什么事物不能成为批评的对象。[②]

针对教育鉴赏与教育批评的关系，艾斯纳曾指出："有效的批评不是一种独立于知觉能力的行动。对精妙、复杂以及重要特质的感知，这种洞察能力是批评的第一必要条件。在艺术中，有见识的感知行为指的就是鉴赏。做一个鉴赏家，就是知道如何审视、洞察以及欣赏。通常，鉴赏被定义为欣赏的艺术。鉴赏对于批评是必要的，因为没有对微妙的和重要的事物的感知能力，批评就很可能是表面的甚或空洞的。鉴赏与批评之间的主要区别是：鉴赏是欣赏的艺术，而批评是揭露的艺术。"[③]显然，教育批评的深层揭露需以教育鉴赏的感知为基础。有效的批评是无法脱离知觉的力量而独存的，因此具备鉴赏、欣赏、感知微妙的能力乃教育批评的前提条件。艾斯纳的判断是借鉴了美学、艺术哲学中关于艺术品的鉴赏、批评的相关理论，对于两者的区别与联系，正如有学者指出："艺术鉴赏乃

---

① 艾利奥特·W.艾斯纳.教育想象——学校课程设计与评价[M].李雁冰，等译，北京:教育科学出版社，2008:220.
② 艾利奥特·W.艾斯纳.教育想象——学校课程设计与评价[M].李雁冰，等译，北京:教育科学出版社，2008:221.
③ 艾利奥特·W.艾斯纳.教育想象——学校课程设计与评价[M].李雁冰，等译，北京:教育科学出版社，2008:222.

是艺术批评的前提与基础,好的艺术批评家必然首先是一个好的艺术鉴赏家。……如果一个批评家没有对作品进行细致的欣赏与玩味,直接就以理性的方式对作品加以分解和剖析,那么他就不可能真正把握作品的艺术价值,所得出的判断与评价也就没有任何美学上的意义。"[①]此外,教育批评不是旨在发现错误、误区、无知等,而是试着感知课程的发生,并将这一鉴赏的经验有效传递、表达出来。批评本身并非凭空设想,还需要多类证据来支持,课程实施的真实情况才能得以描述与揭露。

教育批评的实施包括四个方面或维度:描述方面(descriptive aspect)、解释方面(interpretative aspect)、评价方面(evaluative aspect)、主题方面(thematic aspect)。在艾斯纳看来,这种区分是为了分析的方便,阐明其在语言和意图上的不同和为了帮助人们敏锐地捕捉教育批评的关键点。事实上,这四个方面在实践中是交织在一起的。

首先,描述方面。描述方面就是一种用语言界定、描绘、叙述或者表达教育生活的有关性质的尝试,从而详细生动地表述评价者洞察到的对象特质,显然,描述旨在让读者有身临其境的真实参与感受。关于教育批评描述的对象,艾斯纳强调,批评者不能像记流水账一样记下事物的方方面面,而是要写出自己认为重要的东西,有倾向地进行选择。正是通过这种选择及其深刻表达,人们理解了批评者在评价工作中的意向性感知。例如:这个课堂运作中教育生活的规则是什么?这个学校社会性生活的支撑结构是什么?这种学校组织,或者教学,或者评价模式的核心标准是什么?等等。这些都可成为批评描述的对象。根据倾向性的选择不同,描述方面还要兼顾观察对象的普遍性与个别性品质。普遍性品质是那些使得一类情景和物体特征化的品质。比如哥特式建筑内部的尖拱、莫奈的风景画中的亮光。个别性品质是整体内部的那些特殊品质。比如西比留斯第一交响曲第二乐章中的过门曲调、教师微笑中的支持性品质等。[②]除此之外,教

① 朱立元.美学(修订版)[M].北京:高等教育出版社,2006:380.
② 艾利奥特·W.艾斯纳.教育想象——学校课程设计与评价[M].李雁冰,等译.北京:教育科学出版社,2008:235.

育批评中的描述语言必须是最有魅力、最敏锐的，因此，批评的描述方面是批评中最具艺术性的一个方面。“为了创造历历在目，如同亲临的感受，教育批评者必须具有接触情境特质的进路。批评者需要创造一种散文的书写形式以作为凝铸意义的结构，而这样的描述亟需艺术的叙事性语言，经由叙事性语言形塑文本，倾听它的韵律，选择适切的字词，运用合宜的隐喻，于绝佳的时刻创发新颖的词汇。”①

其次，解释方面。教育批评不仅将所感知的内容进行清晰地陈述与描述，还需要阐释它的意蕴，解释观察对象的潜在意蕴，并为所做的阐释提供充分、令人信服的证据。即阐释需深究“为什么”或“如何”。这一方面类似于美国人类学家克利福德·格尔茨（Clifford Geertz）所言的“深描”，即透过表层，将信息进行深度解码的诠释。对此，如艾斯纳指出，尽管描述和解释之间并不存在明显而清晰的界线，但它们的侧重点和中心有所不同。批评的解释方面要求指明：情境意味着什么？这个课堂是如何运作的？什么思想、理念或理论可用以解释它的主要特征？②即是说，批评不仅要描述课堂生活中发生的具体事件，而且要对这些事件的性质、情景、结构以及支持它们的价值观给出适当的解释。而这种解释过程便是在为自己的判断提供说明和论据。

再次，评价方面。指判断对象的意义和重要性。简单说来，教育批评的评价方面就是对教育事件做出价值判断。正如艾斯纳所说，教育是一项规范性（normative）的事业，它是一个激励个性发展并对社会福祉做出贡献的过程。因此，只要教育批评中的选择性描述一开始运行，就必然地暗含着一系列的价值判断，评价自然地贯穿在批评的感知活动中。③

最后，主题方面。主题方面是对前三者作关键性的概括和总结，提供一种能帮助读者抓住关键点的总结。“在某种意义上，教育批评中的主题不仅提供对象

① 李雅婷.课程美学探究取向的理论与实践之研究[D].台湾师范大学,2003:70.

② 艾利奥特·W.艾斯纳.教育想象——学校课程设计与评价[M].李雁冰,等译.北京:教育科学出版社,2008:237.

③ 艾利奥特·W.艾斯纳.教育想象——学校课程设计与评价[M].李雁冰,等译.北京:教育科学出版社,2008:239-240.

关键特征的精华，而且它们也提供自然主义的概括，指导人们感知其他的班级、学校或者教学实践。"[1]尽管教育批评的这些不同方面或维度之间没有明显的界线，但它们的中心和侧重点有所不同。描述方面的目的在于生动地表达在情景中觉察到的特质。解释方面试图对表达的东西提供一种理解，为自己的判断提供说明和论据。评价方面试图评估描述或解释的事件、对象的教育意义或重要性。

① 艾利奥特·W.艾斯纳.教育想象——学校课程设计与评价[M].李雁冰，等译.北京:教育科学出版社，2008:242.

结语　知识与审美经验的共生:走向课程美学

自1918年美国课程学者博比特出版了《课程》一书开始,“课程”便成了教育学研究的最关键的问题,亦是我国教育改革新世纪以来的核心话题。时至今日,课程不再只被理解为纷繁杂陈的“学校材料”,不再被视作“符号表征”。从不同理论视域对课程符号进行理解,形成了丰富多彩的课程话语。这一领域不再仅仅使用实证研究的量化方法论,而是结合了社会学、政治学、人类学以及美学等不同学科视野,课程研究正在思维上跨越边界,从量化实证的研究到质性诠释的实证研究,从问卷调查到田野扎根,从探究权力/知识到探究创造性的审美经验,而这正意味着课程研究成了一场复杂性的课程会话。其中,以社会学的角度探究课程的社会属性被称为课程社会学,以政治学的角度探究课程的政治属性被称为课程政治学,以生态学的角度探究课程的生态属性被称为课程生态学,我们便可以将以美学视角探究课程的美学属性简称为课程审美论,或课程美学。

课程美学既是美学取向课程理论的统称,又是一系列基于美学视角探究学校课程问题簇的缩写,还代表了基于审美经验旨在拯救技术理性之困的课程愿景。

首先,课程美学重建了课程价值论。课程美学不仅意味着课程观的改变,更深层次意味着个人与课程价值的关系改变。传统课程开发理论深陷技术理性的框架,课程理论的技术化、固定性、程序性必然引发实践逐渐走向仪式性、重复性、机械性和统一性,进而不断吞噬教师与学生主动、创意、想象力和觉察的活力。课程美学理解下的课程成了一场审美意识全面觉醒的旅途,感知美感,创造美学的历程以及在发现审美世界的契机中呈现自我。课程与个人的美学关系意味着师生诗意地栖居即师生在课程场域内的存在方式，进而开启了课程中诗意的觉醒与审美的澄明之境。课程成为师生美感创造以及诗意栖居之旅，这一旅程中师生通过创造力、想象力、洞察力和好奇心等美学特质的自觉，思考自身的栖居与存在，进而抛弃效率主义、控制主义的工具理性，诉求于解放理性，并最终走向师生的自由与解放的审美救赎。

其次，课程美学重建了课程知识观。课程美学重估了个人情感、想象、灵性、直觉等审美经验的知识论意义与作用。以美学的视野理解知识，并非与理性探究相违背，互不相融，而是理性逻辑与美学直观对人类思维与认知功能的发挥是相辅相成、相互为用的。正如马德琳·格鲁梅特所言："课程研究中的美学理论带给学生的是一个有趣的、惊奇的、令人惊讶的世界。我们对这个世界的思考与理解，完全与吾人身体的感官经验、情感、情绪以及吾人知觉的习性与逻辑和分析的应用，相互交织在一起。"[①]学科知识与审美经验融为一体，意味着：课程知识始终渗透着个人的情感、审美、理智追求和独特生活史，无论学科知识多么具有结构性、抽象性，课程知识的审美性只能被掩盖、扭曲或淡忘，但绝不能消除，除非知识本身不复存在。甚至，知识并非单纯是认知的，唯有凭借审美经验，知识才得以获得完满与统一。概言之，课程知识并非是客观知识的堆积，而是师生学科知识与审美经验相融合，学生的学习也并非被动记诵、抄练，而是主动创造学科知识与审美经验融合的历程。

最后，课程美学重建了课程方法论。课程美学审视课程开发模式技术理性方法论的限度，并诠释了方法中的艺术维度的必要性与重要性。基于美学的视野，课程方法并非单纯一个技术、程序问题，还包含着艺术、诗性、想象力、审美判断力等美学维度。这是因为："审美的敌人既不是实践，也不是理智。他们是单调，目的不明而导致的懈怠，屈从于实践和理智行为中的惯例。"[②]显然，一旦一般

① 陈伯璋.课程美学[M].台北:五南图书出版公司,2011:93.

② John Dewey. Art as Experience [M].New York: The Berkley Publishing Group, 1934: 40.

方法与个人艺术彼此分离，方法便会异化为技术主义或程序主义。对此，教师有必要作为艺术家对未预期到的、创造性的内涵留有余地，避免将他们的“教育智慧”凝结成机械的、常规化的行为。这是一种融合个人艺术的方法论，通过诗性智慧、鉴别力来识别、洞察契机，跨越一般方法与个人艺术的鸿沟，用创意与想象等艺术方式、方法呈现课程，方法进而被美感重建与改造。

综而观之，课程美学并非乌托邦式的课程幻想，而是具有极强的理论针对与现实关怀的学科。也并非标新立异、推陈出新，而是一种基于治疗性、诊断性、完善性的重构、超越。这种学术立场并非意味着技术理性的全面毁灭，抑或是课程开发科学化运动的终结。而是一场将技术理性所主导下的课程开发科学化运动视为“未完待续的蓝图”的革新，意味着增补、完善其内在局限以及对唯技术理性所主导的课程愿景的修订与拓展等。课程美学也并非是美学世界的奢侈品，而是课程世界中针对技术理性缺陷的济世良方。它不仅借助美学的视野丰富了课程本质的理解，也建构了行之有效的实践策略与方法，为课程领域摆脱技术理性的桎梏和课堂教学的革新提供了另一种可能思路。让我们继续拓展课程美学的理论与实践研究，为推动我国课程理论研究和深化基础教育课程变革探寻有益启示。同时，也让我们自己创造自身的课程美学，在教育生活与日常生活中，超越技术理性与功利主义，捡拾失落的诗意，进而过上审美的教育生活。

参考文献

一、中文部分

1.埃德加·莫兰.复杂思想:自觉的科学[M].陈一壮,译.北京:北京大学出版社,2001.

2.埃德加·莫兰.复杂性理论与教育问题[M].陈一壮,译.北京:北京大学出版社,2001.

3.埃德加·莫兰.复杂性思想导论[M].陈一壮,译.上海:华东师范大学,2008.

4.埃德蒙德·胡塞尔.欧洲科学危机和超验现象学[M].张庆熊,译.上海:上海译文出版社,2005.

5.埃伦·迪萨纳亚克.审美的人——艺术来自何处及原因何在[M].户晓辉,译.北京:商务印书馆,2005.

6.阿尔弗雷德·怀特海.教育的目的[M].徐汝舟,译.北京:生活·读书·新知三联书店出版社,2002.

7.阿瑟·D.艾夫兰.艺术与认知[M].智玉琴,译.长沙:湖南美术出版社,2008.

8.艾伦·C·奥恩斯坦,弗朗西斯·P·汉金斯.课程:基础、原理和问题[M].柯森,等译.南京:江苏教育出版社,2002.

9.艾利奥特·W.艾斯纳.教育想象——学校课程设计与评价[M].李雁冰,译,北京:教育科学出版社,2008.

10.艾利奥特·W.艾斯纳.艺术与心灵创造力[M].朱珺,译.北京:中国社会出版社,2016.

11.安静.个体符号构造的多元世界——纳尔逊·古德曼艺术哲学研究[M].北京:中央民族大学出版社,2013.

12.伯特兰·罗素.人类的知识——其范围与限度[M].张金言,译.北京:商务印书馆,2011.

13.伯特兰·罗素.西方哲学史(下卷)[M].马元德,译.北京:商务印书馆,2012.

14.蔡元培.蔡元培美学文选[M].北京:北京大学出版社,1983.

15.曾繁仁.美育十五讲[M].北京:北京大学出版社,2012.

16.车尔尼雪夫斯基.生活与美学[M].周扬,译.北京:人民文学出版社,1958.

17.陈伯璋、张盈堃.来自日常生活的教育学院:社区、课程与美学的探究[J].教育与社会研究,2007(12).

18.陈伯璋.课程美学[M].台北:五南图书出版公司,2011:5.

19.陈桂生."美育"辨析[J].杭州师范学院学报(社会科学版),2004(1).

20.陈锦惠.教学经验中的美感特质探讨——杜威美学的观点[J].课程与教学季刊,2008(8).

21.陈美如.美学取向的课程与教学[J].教育研究月刊,2010(3).

22.崔光宙,林逢祺.教育美学[M].台北:五南图书出版公司,2000.

23.崔其升,邱学华,谢金国.崔其升与杜郎口经验[M].北京:首都师范大学出版社,2010.

24.(美)达布尼·汤森德.美学导论[M].王柯平,等译.北京:高等教育出版社,2005.

25.大卫·格里芬.后现代科学[M].马季方,译.北京:中央编译出版社,1995.

26.戴维·伯姆.论对话[M].王松涛,译.北京:教育科学出版社,2004.

27.戴忠恒.情感目标的分类及其测量方法[J].心理科学,1992(8).

28. 笛卡尔.第一哲学沉思录[M].庞景仁,译.北京:商务印书馆,2012.

29. 杜卫.感性教育:美育的现代性命题[J].浙江学刊,1999(6).

30. 杜卫.美育论(第2版)[M].北京:教育科学出版社,2014.

31. 恩斯特·卡西尔.启蒙运动[M].顾伟铭,等译.济南:山东人民出版社,1996.

32. 恩斯特·卡西尔.人论[M].甘阳,译.上海:上海译文出版社,1985.

33. 樊美筠.中国传统美学的当代阐释[M].北京:北京大学出版社,2006.

34. 冯契.人的自由和真善美[M].上海:华东师范大学出版社,1996.

35. 冯加渔.自传课程研究[D].华东师范大学,2015.

36. 弗洛姆.逃避自由[M].刘林海,译.北京:北方文艺出版社,1987.

37. 高宣扬.福柯的生存美学[M]北京:中国人民大学出版社,2015.

38. 顾明远.教育大辞典(第1卷)[M].上海:上海教育出版社,1990.

39. 郭芳.教师作为"陌生人"——玛克辛·格林教师哲学思想研究[J].比较教育研究,2014(8).

40. 郭晓明.课程知识与个体精神自由:课程知识问题的哲学审思[M].北京:教育科学出版社,2005.

41. 马丁·海德格尔.诗·语言·思[M].彭富春,译.北京:文化艺术出版社,1991.

42. 韩震.本质范畴的重建及其反思的现代性[J].哲学研究,2008(12).

43. 汉斯-格奥尔格·伽达默尔.真理与方法[M].洪汉鼎,译.上海:上海译文出版社,2005.

44. 何齐宗.教育美学[M].重庆:重庆出版社,1995.

45. 何齐宗.审美人格教育新论[M].北京:教育科学出版社,2014.

46. 何茜.美学取向课程探究[D].西南大学,2014.

47. 贺雯,卢家嵋等.中国当代青少年审美情感现状调查研究[J].心理科学,2010(33).

48. 赫伯·里德.通过艺术的教育[M].吕延和,译.长沙:湖南美术出版社,2002.

49. 赫伯特·马尔库塞.单向度的人[M].刘继,译.上海:上海译文出版社,2007.

50. 赫伯特·马尔库塞. 审美之维——马尔库塞美学论著集[M]. 李小兵，译. 北京:生活·读书·新知三联书店，1989.

51. 赫尔巴特. 普通教育学·教育学讲授纲要[M]. 李其龙，译. 杭州:浙江教育出版社，2002.

52. 黑格尔. 美学(第一卷)[M]. 朱光潜，译. 北京:人民文学出版社，1958.

53. 黑格尔. 哲学史讲演录(第四卷)[M]. 贺麟，王太庆，译. 北京:商务印书馆，1983.

54. 洪咏善. 教学的美感经验如何可能？[J]. 中等教育，2010，61(04).

55. 胡健. 符号学视野中的分析美学——论古德曼的美学思想[J]. 华南师范大学(社会科学版)，2009(12).

56. 中国大百科全书总编辑委员会《教育》编辑委员会. 中国大百科全书(教育卷)[M]. 北京:中国大百科全书出版社，1985.

57. 黄武雄. 童年与解放[M]. 北京:首都师范大学出版社，2009.

58. 黄彦文. "共鸣的课程美感经验"之研究[D]. 台北教育大学，2014.

59. 黄政杰. 教学艺术[M]. 台北:五南图书出版公司，2010.

60. 霍华德·加德纳. 多元智能[M]. 沈致隆，译. 北京:新华出版社，1999.

61. 贾馥茗. 教育美学[M]. 台北:五南图书出版公司，2009.

62. 杰恩·弗利纳. 课程动态学:再造心灵[M]. 吕联芳，邵华，译. 北京:教育科学出版社，2013.

63. 金生鈜. 理解与教育——走向哲学解释学的教育哲学导论[M]. 北京:教育科学出版社，2001.

64. 靳玉乐. 课程论[M]. 北京:人民教育出版社，2012.

65. 靳玉乐. 现代课程论[M]. 重庆:西南师范大学出版社，1995.

66. 靳玉乐. 新课程改革的理念与创新[M]. 北京:人民教育出版社，2003.

67. 凯洛夫主编. 教育学(上册)[M]. 沈颖，南致善，等译. 北京:人民教育出版社，1951.

68. 康德 . 判断力批判(注释本)[M]. 李秋零,译注 . 北京:中国人民大学出版社,2011.

69. 夸美纽斯 . 大教学论[M]. 傅任敢,译 . 北京:人民教育出版社,1999.

70. 拉尔夫·泰勒 . 课程与教学的基本原理[M]. 施良方,译 . 北京:人民教育出版社,1994.

71. 雷蒙德 E. 卡拉汉 . 教育与效率崇拜——公立学校管理的社会影响因素研究[M]. 马焕灵,译 . 北京:教育科学出版社,2010.

72. 李建盛 . 后现代转向中的美学[M]. 南昌:江西教育出版社,2003.

73. 李炳亭 .2015:课改升级年[N]. 中国教师报,2015-01-07(06).

74. 李炳亭 . 杜郎口"旋风"[M]. 济南:山东文艺出版社,2006.

75. 李文阁 . 回归现实生活世界[M]. 北京:中国社会科学出版社,2002.

76. 李如密 . 教学艺术论(第二版)[M]. 北京:人民教育出版社,2011.

77. 李雅婷 . 课程美学探究取向的理论与实践之研究[D]. 台湾师范大学,2003.

78. 李雁冰 . 关于素质教育评价的理论问题[J]. 教育发展研究,2009(24).

79. 李雁冰 . 科学探究,科学素养与科学教育[J]. 全球教育展望,2008(12).

80. 李雁冰 . 课程评价的新途径:教育鉴赏与教育批评——艾斯纳的课程评价观再探[J]. 外国教育资料,2000(4).

81. 李雁冰 . 课程评价论[M]. 上海:上海教育出版社,2004.

82. 李媛媛 . 杜威美学思想论纲[M]. 北京:中国社会科学出版社,2010.

83. 李泽厚 . 华夏美学·美学四讲(增订版)[M]. 北京:生活·读书·新知三联书店,2008.

84. 李泽厚 . 批判哲学的批判:康德述评[M]. 北京:生活·读书·新知三联书店,2007.

85. 李子健,黄显华 . 课程:范式、取向和设计[M]. 香港:香港中文大学出版社,2002.

86. 理查德·罗蒂. 偶然、反讽与团结[M]. 徐文瑞, 译. 北京:商务印书馆, 2003.

87. 林逢祺. 教育规准论[M]. 台北:五南图书出版公司, 2004.

88. 林逢祺. 美感经验与教育[J]. 教育研究集刊, 1998(7).

89. 林素卿. 美感经验对课程美学建构之启示[J]. 东海教育评论, 2009(3).

90. 刘昌元. 西方美学导论[M]. 台北:联经出版事业公司, 1986.

91. 刘次林. 刍议三维目标[J]. 教育发展研究, 2013(15-16).

92. 刘冬岩. 美感经验:诗意教学的栖居地[J]. 内蒙古师范大学学报(教育科学版), 2008(9).

93. 刘万海. 从知识到经验:课程本质的现代解读[J]. 全球教育展望, 2004(12).

94. 刘悦笛. 试论纳尔逊·古德曼的分析美学——以《艺术的语言》为考察中心[J]. 南方论丛, 2007(4).

95. 刘悦笛. 生活美学与艺术经验:审美即生活, 艺术即经验[M]. 南京:南京出版社, 2007.

96. 罗宾·科林伍德. 艺术原理[M]. 王至元, 陈华中, 译. 台北:五洲出版社, 1987.

97. 罗伯特·B. 塔利斯. 杜威[M]. 彭国华, 译. 北京:中华书局, 2002.

98. 马丁·海德格尔. 荷尔德林诗的阐释[M]. 孙周兴, 译. 北京:商务印书馆, 2002.

99. 马丁·海德格尔. 海德格尔选集(下集)[M]. 上海:上海三联出版社, 1996.

100. 马丁·海德格尔. 林中路[M]. 孙周兴, 译. 上海:上海译文出版社, 1997.

101. 迈克尔·康纳利, 琼·克兰迪宁. 教师成为课程研究者:经验叙事[M]. 刘良华, 等译. 杭州:浙江教育出版社, 2004.

102. 米盖尔·杜夫海纳. 美学与哲学[M]. 孙非, 译. 北京:中国社会科学出版社, 1985.

103. 米歇尔·本特利, 克里斯汀·艾伯特, 爱德华·艾伯特. 科学的探索者——小学与中学科学教育新取向[M]. 洪秀敏, 等译. 北京:北京师范大学出版社, 2008.

104. 尼尔森·古德曼. 艺术语言[M]. 褚朔维, 译. 北京:光明日报出版社, 1990.

105. 尼古拉·别尔嘉耶夫. 人的奴役与自由[M]. 张百春, 译. 北京:中国城市出版社, 2002.

106. 倪梁康. 现象学及其效应——胡塞尔与当代德国哲学[M]. 北京:商务印书馆, 2014.

107. 牛宏宝. 现代西方美学史[M]. 北京:北京大学出版社, 2014.

108. 欧崇敬. 审美经验与艺术的界定[J]. 环境与艺术学刊, 2009(7).

109. 欧用生. 迈向诗性智慧的行动研究[J]. 教育学术季刊, 2012(1).

110. 欧用生. 诗性智慧及其对课程研究的启示[J]. 课程与教学季刊, 2007(10).

111. 欧用生. 寻找教学的诗性智慧[J]. 研习资讯, 2009 (26).

112. 欧用生. 正在形成的社群——"美学社群"的建构[J]. 中等教育, 2010(61).

113. 欧用生. 课程发展的基本原理[M]. 台北:复文图书出版社, 1993.

114. 欧用生. 课程研究新视野[M]. 台北:师大书苑有限公司, 2010.

115. 帕特里克·斯莱特里. 后现代时期的课程发展[M]. 徐文斌, 等译. 桂林:广西师范大学出版社, 2007.

116. 潘必新. 论美育的使命[J]. 哲学研究, 2000(6).

117. 彭富春. 哲学美学导论[M]. 北京:人民出版社, 2005.

118. 萨玛·沃泽曼, 乔治·伊芙妮. 新小学科学教育[M]. 宋戈, 袁慧, 译. 北京:北京师范大学出版社, 2006.

119. 沈致隆. 多元智能理论与艺术教育[J]. 人民教育, 2004(5).

120. 舒新城. 中国现代教育史资料(下册)[M]. 北京:人民教育出版社, 1961.

121. 斯蒂芬·贝斯特, (美)道格拉斯·科尔纳. 后现代转向[M]. 陈刚, 等译. 南京:南京大学出版社, 2002.

122. 孙丽君. 伽达默尔的诠释学美学思想研究[M]. 北京:人民出版社, 2013.

123. 孙正聿. 哲学通论(修订版)[M]. 上海:复旦大学出版社, 2005.

124. 檀传宝 . 教育美育[J]. 教育研究,2000.

125. 滕守尧 . 美育——教育现代化的关键[J]. 北京大学学报(哲学社会科学版),1995(2).

126. 涂志贤 . 再概念化学派的课程美学探究及其对课程研究的启示[J]. 教育资料与研究双月刊,2009(6).

127. 江山野 . 简明国际教育百科全书·课程[M]. 北京:教育科学出版社,1991.

128. 汪潮,吴奋奋 .“双基论”的回顾与反思[J]. 课程·教材·教法,1996(12).

129. 王德峰 . 艺术哲学[M]. 上海:复旦大学出版社,2005.

130. 王磊 . 审美文本观照下艾斯纳课程美学意蕴探究[J]. 外国教育研究,2014(10).

131. 威廉 F. 派纳,威廉 M. 雷诺兹,帕特里克·斯莱特里,彼得 M. 陶伯曼 . 理解课程——历史与当代课程话语研究导论(上)[M]. 张华,等译 . 北京:教育科学出版社,2003.

132. 维柯 . 新科学[M]. 朱光潜,译 . 北京:人民文学出版社,1986.

133. 吴彤 . 自组织方法论研究[M]. 北京:清华大学出版社,2001.

134. 席勒 . 审美教育书简[M]. 张玉能,译 . 南京:译林出版社,2012.

135. 小威廉·E. 多尔,M. 杰恩 . 弗利纳,唐娜 . 楚伊特,约翰 . 圣 . 朱利恩 . 混沌、复杂性、课程与文化:一场对话[M]. 余洁,译 . 北京:教育科学出版社,2014.

136. 小威廉· E. 多尔 . 后现代课程观[M]. 王红宇,译 . 北京:教育科学出版社,2000.

137. 邢建昌 . 美学[M]. 石家庄:河北人民出版社,2012.

138. 徐碧辉 . 美育:一种生命和情感教育[J]. 哲学研究,1996(12).

139. 徐岱 . 什么是好艺术——后现代美学基本问题[M]. 杭州:浙江工商大学出版社,2008.

140. 杨宏琪 . 台湾课程美学研究之现况与未来趋势[J]. 教育学报(香港),2012(40).

141. 杨晓. 教学的诗性智慧[J]. 教育研究，2016(4).

142. 杨忠斌. 教育美学:美学与教育问题述评[M]. 台北:师大书苑，2008.

143. 叶朗. 美学原理[M]. 北京:北京大学出版社，2009.

144. 叶秀山. 美的哲学[M]. 北京:世界图书出版公司，2010.

145. 伊曼努尔·康德. 实用人类学[M]. 邓晓芒，译. 上海:上海人民出版社，2005.

146. 伊亚比·普里戈金. 确定性的终结:时间、混沌与新自然法则[M]. 湛敏，译. 上海:上海科技教育出版社，2005.

147. 尤尔根·哈贝马斯. 认识与兴趣[M]. 郭官义，李黎，译. 上海:学林出版社，1999.

148. 尤尔根·哈贝马斯. 作为"意识形态"的技术与科学[M]. 李黎，郭官义，译. 上海:学林出版社，1999.

149. 郁振华. 人类知识的默会维度[M]. 北京:北京大学出版社，2012.

150. 约翰·杜威. 儿童与课程[M]吕达，刘立德，邹海燕. 杜威教育文集(第1卷). 北京:人民教育出版社，2009.

151. 约翰·杜威. 经验与教育[M]吕达，刘立德，邹海燕. 杜威教育文集(第5卷). 北京:人民教育出版社，2005.

152. 约翰·杜威. 民主主义与教育[M]. 王承绪，译. 北京:人民教育出版社，2001.

153. 约翰·杜威. 确定性的寻求——关于知行关系的研究[M]. 傅统先，译. 上海:上海人民出版社，2005.

154. 约翰·杜威. 我们怎样思维[M]吕达，刘立德等. 杜威教育文集(第5卷). 北京:人民教育出版社，2009.

155. 约翰·杜威. 学校与社会·明日之学校[M]. 赵祥麟，等译. 北京:人民教育出版社，2005.

156. 约翰·杜威. 艺术即经验[M]. 高建平，译. 北京:商务印书馆，2010.

157. 詹姆斯·麦卡里斯特. 美与科学革命[M]. 李为，译. 长春:吉林人民出版社，2000.

158. 张宝贵. 西方审美经验观念史[M]. 上海:上海交通大学出版社，2011.

159. 张飞天，童世骏. 哲学概论(第二版)[M]. 上海:华东师范大学出版社，2008.

160. 张华. 经验课程论[M]. 上海:上海教育出版社，2001.

161. 张华. 课程流派研究[M]. 济南:山东教育出版社，2000.

162. 张华. 课程与教学论[M]. 上海:上海教育出版社，2010.

163. 张华. 研究性教学论[M]. 上海:华东师范大学出版社，2010.

164. 张华. 论"第二代"应试教育及其超越[J]. 基础教育课程，2011(9).

165. 张华. 论探究精神是一种教育人文精神[J]. 全球教育展望，2006(6).

166. 张华. 试论教学方法的理智传统[J]. 全球教育展望，2009(6).

167. 张华. 试论教学认识的本质[J]. 全球教育展望，2005 (6).

168. 张华. 论学科探究教学[J]. 教育发展研究，2014(12).

169. 张华. 研究性教学:教学改革的方向[J]. 基础教育课程，2011(12).

170. 张华. 研究性教学论[M]. 上海:华东师范大学出版社，2010.

171. 张华. 走向课程理解:西方课程理论新进展[J]. 全球教育展望，2001(7).

172. 张良，靳玉乐. 论课程知识的内在价值及其实现[J]. 教育研究与实践，2016(3).

173. 张良，李宝敏. 论教师方法依赖的误区及其超越[J]. 教师教育研究，2014(3).

174. 张良. 从简单性到复杂性——试论我国教学范式的重建[J]. 清华大学教育研究，2013(5).

175. 张良. 反思我国教学实践变革中的简单性思维——以杜郎口中学为个案[J]. 中国教育学刊，2012(9)

176. 张良 . 论“导学案”的现实问题及可能对策[J]. 中国教育学刊，2014(1).

177. 张良 . 论课程生活中的知识理解——基于隐喻的视角[J]. 西北师大学报(社会科学版)，2016(5).

178. 张良 . 论课程知识观的实践症结、研究现状及其视野拓展[J]. 全球教育展望，2016(1).

179. 张汝伦 . 艺术:审美经验，还是存在经验？——伽达默尔视域中的艺术经验[J]. 河北学刊，2004(5).

180. 张世英 . 哲学导论[M]. 北京:北京大学出版社，2008.

181. 张新平 . 从诊断式评价走向欣赏型评价[J]. 教育发展研究，2014(Z2).

182. 张相轮，钱振勤 . 教学美学[M]. 江苏:江苏教育出版社，1998.

183. 赵士林 . 当代中国美学[M]. 北京:人民教育出版社，2008.

184. 钟启泉 .“三维目标”论[J]. 教育研究，2011(9).

185. 周桂海 . 洋思教学模式解读——我这样教数学[M]. 南京:南京师范大学出版社，2003.

186. 周丽昀 . 当代西方科学观比较研究:实在、建构和实践[M]. 上海:上海社会科学院出版社，2007.

187. 周淑卿 . 借镜于艺术的教学——与“艺术创作者/教师”的对话[J]. 当代教育研究季刊，2009(2).

188. 周淑卿 . 课程的美学探究范畴之建构——当前的问题与未来的方向[J]. 课程与教学季刊，2005(8).

189. 周淑卿 . 无教学不足以成课程:美感认知理论的观点[J]. 西南大学学报(社会科学版)，2009(1).

190. 周淑卿 . 学习历程中美感经验的性质——艺术与科学课堂的探究[J]. 课程与教学季刊，2010(1).

191. 周宪 . 美学是什么[M]. 北京:北京大学出版社，2002.

192.朱狄.当代西方美学[M].北京:人民出版社,1996.

193.朱光潜.谈美[M].上海:华东师范大学出版社,2015.

194.朱光潜.文艺心理学[M].安徽:安徽教育出版社,1996.

195.朱光潜.朱光潜美的人生[M].北京:新世界出版社,2012.

196.朱立元.美学大辞典(修订本)[M].上海:上海辞书出版社,2014.

197.朱立元.美学(修订版)[M].北京:高等教育出版社,2006.

198.佐藤学.学习的快乐——走向对话[M].钟启泉,译.北京:教育科学出版社,2004.

二、英文部分

1.John Seely Brown, Allan Collins, Paul Duguid. Situated cognition and the culture of learning. Educational Researcher [J].1989(1).

2.Dwayne E. Huebner. Spirituality and Knowing [A]. Elliot W. Eisner. Learning and Teaching: The Ways of Knowing[C]. Chicago, IL: The University of Chicago Press, 1985.

3.Dwayne Huebner. Curricular language and Classroom Meaning [A]. J. B. Macdonald & R. R. Leeper (Eds.).Language and meaning[C].Washington, D.C.: Association for Supervision and Curriculum Development. 1966.

4.Elizabeth Vallance. Aesthetic inquiry: Art Criticism In Edmund Short (Ed). Forms of Curriculum Inquiry[M].Albany, NY: State University of New York Press, 1991.

5.Elliot Eisner. Cognition and curriculum reconsidered[M].New York: Teachers College Press, 1994.

6.Elliot Eisner. The Arts and the Creation of Mind [M].New Haven, NJ: Yale University press, 2002.

7.Elliot Eisner. What can education learn from art[J].Journal of Curriculum and Supervision,2002(1).

8.Elliot W. Eisner. Learning and Teaching: The Ways of Knowing[C].Chicago, IL: The University of Chicago Press, 1985.

9.Elliot W. Eisner. The Educational Imagination: On the Design and Evaluation of School Program [M]. Upper Saddle River, NJ: Pearson Education, Inc.2002.

10.Elliot W. Eisner. The Enlightened Eye: Qualitative Inquiry and the Enhancement of Educational Practice [M].Upper Saddle River, NJ: Merrill, 1998.

11.Elliot W. Eisner. Educational Connoisseurship and Criticism: Their Form and Functions in Educational Evaluation [J].Journal of Aesthetic Education, 1976(3-4).

12.Hongyu Wang. Aesthetic experience, the unexpected and curriculum [J].Journal of Curriculum and Supervision,2001(17).

13. Israel Scheffler. Conditions of knowledge: An introduction to epistemology and education [M].Glenview, IL: Scott,Foresman and Company,1965.

14. David Carr. Education, Knowledge and Truth: Beyond the Postmodern Impasse [M].London: Routledge, 1998.

15.Jean Lave, Etienne Wenger. Situated Learning: Legitimate Peripheral Participation [M]. Cambridge: Cambridge University press, 1991.

16.John Dewey. Art as Experience[M].New York: The Berkley Publishing Group, 1934.

17.John Dewey. Democracy and Education: An Introduction to the Philosophy of Education[M].New York: The free press,1916.

18.John Dewey. The Quest for Certainty——A Study of the Relation of Knowledge and Action[M].New York: Minton, Balch& Company,1929.

19.Maxine Greene. Curriculum and Consciousness [J].Teachers College Record,

1971(3).

20.Maxine Greene. Teacher as Stranger: Educational philosophy for the modern age [M]. Belmont, CA: Wadsworth Publishing Company, 1973.

21.Maxine Greene. Variations on a Blue Guitar: The Lincoln Center Institute Lectures on Aesthetic Education[M].New York, NY: Teachers College Press, 2001.

22.Nelson Goodman. Language of Art: An Approach to a Theory of Symbols[M]. New York: The Bobbs-Merrill Company, Inc.1988.

23.Pablo Freire. Pedagogy of the Oppressed (30th Anniversary Edition) [M]. Translated by Myra Bergman Ramos. New York: The Continuum International Publishing Group Inc, 2005.

24. Peter T. Knight. Complexity and Curriculum: A process approach to curriculum-making [J]. Teaching in Higher Education, 2001(6).

25.Richard Rorty. Philosophy and Mirror of Nature [M]. Princeton, NJ: Princeton University Press, 1979.

26.Robert Audi. The Cambridge dictionary of philosophy [M].Cambridge, UK: Cambridge University Press, 1995.

27.Thomas Barone. Education as aesthetic experience: "art in Germ" [J].Educational leadership, 1983(40).

28.William E. Doll, Jr. Beyond methods? Teaching as an aesthetic and spiritfull quest [A].E. Mirochnik & D. Sherman .Passion and pedagogy: Relation, creation, and transformation in teaching[C].New York: Peter Lang, 2002.

29.William E. Doll, M.Jayne Fleener, Donna Trueit, John St Julien. Chaos, Complexity, Curriculum, and Culture: A Conversation[C].New York: Peter Lang Publishing, 2005.

30.William F. Pinar, William M. Reynolds, Patrick Slattery, Peter M. Taubman. Understanding Curriculum: An Introduction to the Study of Historical and Contemporary Curriculum Discourses [M].New York: Peter Lang Publishing, 1995.

31.William E.Doll, JR.Complexity and the Culture of Curriculum[J].Complicity: An International Journal of Complexity and Education, 2012(1).

致 谢

课程美学旨在从审美的角度重建课程的本质，寄托着确保学习者能够获得知识经验与审美经验共生的课程愿景，进而为拯救深陷技术理性之困的课程理论与实践提供可资借鉴的路向。

本专著是在博士后出站报告《课程作为审美经验——美学取向的课程理解与建构》的基础上修改而成。

感谢我的博士后导师靳玉乐教授，恩师在我攻读博士学位即将结束之时，将我领进课程美学领域的大门；恩师醍醐灌顶般的指导、当头棒喝般的追问让本研究的视角、立场与逻辑逐渐澄明，框架与体系也得以成形。这其中有太多的故事和感念让我铭刻在心！尽管愚钝懒惰的我没能实现恩师对我的期望，但我不会停止对这一问题的反思，不会停止对课程美学的研究。

毕业后，我的博士导师张华教授一如既往地关心我的研究和工作。恩师时常叮嘱："长期存在于书斋，故要继续参与实践。否则，形成的理论就是空中楼阁。"这一叮嘱催促着我不断向着理论与实践的结合处去探索。多次夜深人静之时，我都会以此来省思自己的教育研究之路。

特别感谢我的硕士导师刘茜教授，恩师是我教育学科研之路的启蒙者与引路人，多年来承蒙恩师的教诲、栽培与厚爱。

感谢我的父母、感谢我的妻子和我的女儿张辰乐小朋友，他们的关爱让我一刻不敢懈怠。

最后，感谢西南大学出版社黄璜老师，他为本书的出版付出了艰辛的劳动。

限于本人学识水平，书中一定有不少疏漏甚至谬误之处，恳请大家不吝赐教！

张良

2017年3月22日初稿

2020年12月30日完稿